ホスピスチャプレン
沼野尚美
Numano Naomi

救いは苦しみの中にある

ホスピスチャプレンが出会った
癒やしと安らぎの言葉

明石書店

まえがき

私たちは人生の途上でさまざまな苦しみや困難に出会います。人はどのようにその苦しみを受けとめ、困難を乗り越えていくのでしょうか。

私はホスピスでチャプレンという仕事をしています。チャプレンとは、キリスト教の牧師・神父や訓練を受けた信徒が、施設で宗教的援助をする仕事です。

ホスピスにいる患者さんは苦しみや悩みを抱えながら、人生の最後の時間を病院で過ごされています。そんなとき、患者さんの苦しみや悩みを受けとめるにはどうしたらいいかをずっと考えてきました。

旅立ちの日が近づいている患者さんがいました。お声をかけると、小さな小さな声でこう言われました。

「聖書を少し読んでみてはやめ、また少し読んでみてはやめて、とうとうきちんと全部を読めませんでした。聖書にはたくさんのことが書かれていますが、内容を一言でいうと、何が書かれているのでしょうか。もうしんどくて聖書を手にとることはできませんが、結局何が書いてあったのか、大切な内容だけでも知りたいのです。教えてくださいませんか」

新約聖書も旧約聖書もかなりボリュームがあって、全部読もうとすると相当根気がいります。そして「読んでもよくわからなかった」と言われる方も多く、確かに聖書が書かれた時代背景や地理等がわからないと理解がむずかしいこともたくさんあります。しかしそれでいて、何が書いてあるのか、誰かがわかりやすく教えてくれたら知りたいと思っている人はたくさんいます。

かつてこんな話を聞きました。無人島に行くことになったとして、一冊だけ本を持って行くことができるとしたら、どんな本を持って行きますか、という質問に対して、聖書を選んだ人が多かったそうです。

聖書は神様から私たちへのラブレターと呼ばれています。ストーリーを追って理解し、楽しむような小説とは違い、前後の内容がわからなくても、ある箇所だけ読んで、心が励まされたり、慰められることがあります。聖書の言葉はすべて神様から私たちへの約束の言葉です。信頼をして心にとめるならば、決して裏切られない言葉です。そして同じ聖書の箇所を何度読んでも、その時々によって新しい発見があったり、心への響き方が新鮮だったりします。ですから一度目を通して終わりという書物ではありません。何度読んでも味わい深いものですから、聖書は永遠のベストセラーとも言われてきました。

また、「聖書の中で、有名な言葉はあるのでしょうか」とホスピスの患者さんからよく聞かれます。聖書を読んでみたいけれど、たくさん読むのはしんどい。もし有名な言葉があるならば、それだけ紹介してほしいと言われるのです。聖書の言葉にはランク付けはありません。ですから、最も有名な言葉はこれですという言い方はできませんが、キリスト者がよく親しんできている言葉はいくつもあります。

人生は苦しみや悩みに満ちています。しかし正しい道を示し、私たちの心を支え切る力を聖書の言葉は持っています。聖書の言葉を読んで理解するだけでなく、日常生活の中で体験してみませんか。

この本では、わかりやすい聖書の言葉やたとえ話を、新約聖書の中から三五選びました。まだ聖書を手にとった経験のない方からキリスト者のみなさままで、本書を通して神様の愛が届くように願っております。

この本は一気読みをしてしまう本ではありません。少しずつ自分の心に問いながら、神様からあなたへのメッセージとして受けとめ、読み進めてください。

この本を手にとってくださった読者のみなさまが、本書を通して聖書を身近に感じるよき機会になればたいへんうれしく思います。

もくじ

まえがき　3

1　苦難ある人生をどう生きるか

苦難と共にある人生……16
✣あなたがたを襲った試練で、人間として耐えられないようなものはなかったはずです。

心の平和……20
✣心を騒がせるな。おびえるな。

本当の安らぎ……25
✣疲れた者、重荷を負う者は、だれでもわたしのもとに来なさい。休ませてあげよう。

試練の意味……31
✣あなたがたは、これを鍛錬として忍耐しなさい。

イエスと出会う……37
✣試練を受けて苦しまれたからこそ、試練を受けている人たちを助けることがおできになるのです。

2 私らしく生きる

あきらめない生き方 …… 46
求めなさい。そうすれば、与えられる。

傷跡を生かす生き方 …… 51
信じない者ではなく、信じる者になりなさい。

関わる勇気 …… 57
行って、あなたも同じようにしなさい。

人生を戦い抜く …… 63
わたしは、戦いを立派に戦い抜き、決められた道を走りとおし、信仰を守り抜きました。

願いは使命のはじまり …… 71
何事も、不平や理屈を言わずに行いなさい。

3 人生を照らす光

内なる輝き …… 78

✣わたしたちの一時の軽い艱難は、比べものにならないほど重みのある永遠の栄光をもたらしてくれます。

祈りの力 …… 82
✣正しい人の祈りは、大きな力があり、効果をもたらします。

永遠のいのち …… 87
✣わたしを信じる者は、死んでも生きる。

天国への切符 …… 93
✣あなたは今日わたしと一緒に楽園にいる。

温かい存在感 …… 99
✣わたしは世の終わりまで、いつもあなたがたと共にいる。

4 ぶれない生き方

人生の土台 …… 108
✣わたしのこれらの言葉を聞いて行う者は皆、岩の上に自分の家を建てた賢い人に似ている。

賢い生き方 …… 112

謙虚に生きる …… 116
✣あなたがたは、神と富とに仕えることはできない。
✣力は弱さの中でこそ十分に発揮されるのだ。

賜物を生かす生き方 …… 122
✣だれでも持っている人は更に与えられて豊かになるが、持っていない人は持っているものまでも取り上げられる。

「今」を生きる …… 128
✣必要なことはただ一つだけである。マリアは良い方を選んだ。それを取り上げてはならない。

5 人と関わるということ

いのちの価値 …… 138
✣わたしはこの最後の者にも、あなたと同じように支払ってやりたいのだ。

一人の価値 …… 143
✣小さな者が一人でも滅びることは、あなたがたの天の父の御心ではない。

一致して生きる……148
✣一つの部分が苦しめば、すべての部分が共に苦しみ、一つの部分が尊ばれれば、すべての部分が共に喜ぶのです。

復讐心との向き合い方……153
✣だれも、悪をもって悪に報いることのないように気をつけなさい。

真の赦しとは……161
✣七回どころか七の七十倍までも赦しなさい。

6 神の愛を感じるとき

奇跡の癒し……170
✣わたしは、世にいる間、世の光である。

神の愛……176
✣お前のあの弟は死んでいたのに生き返った。いなくなっていたのに見つかったのだ。祝宴を開いて楽しみ喜ぶのは当たり前ではないか。

奇跡のわざ……184
✧行かせることはない。あなたがたが彼らに食べ物を与えなさい。

信仰の成長……189
✧あなたは、冷たくもなく熱くもない。むしろ、冷たいか熱いか、どちらかであってほしい。

十字架の意味……193
✧わたしたちが、罪に対して死んで、義によって生きるようになるためです。

7 よき援助者になるために

共に喜び共に泣くこと……198
✧喜ぶ人と共に喜び、泣く人と共に泣きなさい。

よき援助者の資質……205
✧わたしたちも神からいただくこの慰めによって、あらゆる苦難の中にある人々を慰めることができます。

チームワークの心……211
✧師であるわたしがあなたがたの足を洗ったのだから、あなたがたも互いに足を洗い合わなければならない。

執り成しの援助……216
✧人の子が地上で罪を赦す権威を持っていることを知らせよう。

相手の中にいるキリスト……221
✧わたしの兄弟であるこの最も小さい者の一人にしたのは、わたしにしてくれたことなのである。

あとがき 231

聖書の引用は『新共同訳聖書』（日本聖書協会、一九八七年版）を使用しました。

1

苦難ある人生をどう生きるか

あなたがたを襲った試練で、人間として耐えられないようなものはなかったはずです。

あなたがたを襲った試練で、人間として耐えられないようなものはなかったはずです。神は真実な方です。あなたがたを耐えられないような試練に遭わせることはなさらず、試練と共に、それに耐えられるよう、逃れる道をも備えていてくださいます。

（コリントの信徒への手紙一10章13節）

試練のときの約束

ホスピスの患者さんが、これから起こりうることに不安を感じ、心配しているお姿をよく見かけます。

「死ぬことは怖くない。しかし死ぬまでの過程に不安がある。耐えられないほどの苦しみを抱えることになったらどうしよう。最期は苦しむことなく、眠るようにしてこの世を去りたい」と言われます。

また、過度に苦しむ姿を最後に家族に見せたくないという思いから、先々のことを心配して、死ぬ間際はどんな姿になるのかと問うてくる患者さんもいます。

「寝たきりの生活にはなりたくない」

「人の世話を受けてまでは生きたくない」

いくらそう願っていても、どうなるかは誰にもわかりません。そう考え出すと将来への不安は募るばかりではないでしょうか。

「あなたの人生に、苦難なんてこれから先はないんですよ」と誰でも言われたいのです。だからでしょうか、多くの宗教団体は「これを信じれば決してあなたの人生に苦難は起こらない」と言い切ります。「苦難は起こらない」と言われると、私たちの心は揺れます。もし苦難がなくなるのならば、信じてみようか……という気持ちになりそうです。

しかし、どうでしょうか。私たちは一生懸命信心している人の身の上にも苦難がやってくることを知っています。信心していても、病気になったり、事故に遭ったり、リストラされたり、願いが叶わなかったり、心が傷つくようなことが起こったりします。

キリスト教では、「これを信じれば絶対にあなたの人生に苦難はない」とは決して断言しません。いやむしろ、人生には「苦難」はつきものであると考えます。なぜならば、イエスはこう言われているからです。

「あなたがたには世で苦難がある。しかし、勇気を出しなさい。わたしは既に世に勝っている」
（ヨハネによる福音書16章33節）

私たちの人生には、苦難はある。しかし、どんな苦難がやってこようと、それで私たちがつぶれてしまうことはありません。

「神は真実な方です。あなたがたを耐えられないような試練に遭わせることはなさらず、試練と共に、それに耐えられるよう、逃れる道をも備えていてくださいます」

これは、神様からの約束の言葉です。決して裏切られない約束の言葉。大切なことはこの約束を信じて、先々のことを心配しすぎないで生きることです。思わぬ試練を抱えてしまったときも、約束の言葉をしっかり握りしめて、落胆しすぎないで、神様が用意してくださる逃れる道が開かれるのを待ちましょう。

絶望の中で出会った言葉

かつて、私の住む町に阪神淡路大震災が起こりました。一九九五年一月一七日午前五時四六分、震度七の大型地震のために、多くの尊いいのちが失われました。

Aさん一家の家は全壊でした。大きな揺れが収まったとき、お父さん、お母さん、娘さんはなんとか自力で、つぶれた家屋の中から這い出すことができたのですが、当時中学生の息子さんの姿はありませんでした。やがて掘り出されたときは、変わり果てた姿になっていました。Ａさん家族にとって筆舌に尽くしがたい悲しみでした。とくにお父さんの悲しみは深く、過酷な現実を受けとめることができず、それに加えて家探しやお金の心配など、お父さんの気持ちはしだいに追い詰められていきました。考えれば考えるほど先が見えなくなってしまうのです。背負い切れないものを背負わされ、もう自分はどう生きていったらいいのかわからないと思っていたとき、高校時代に部活で一緒だったクリスチャンの親友が冒頭の聖書の言葉を書いて送ってくれました。

聖書など読んだことのないお父さんでしたが、なにか引きつけられるものを感じ、何度も何度も読みました。言葉の背景もまったくわかりませんでしたが、この言葉の中に光を感じたと言うのです。「自分はこの先もなんとか生きていける」という力が湧いてきたと言います。

どんな人生が待っていようとも、私たちはこの聖書の言葉と共に、必ず生きることができます。なぜなら、神様の助けは、あなたの近くにあるからです。

心を騒がせるな。おびえるな。

わたしは、平和をあなたがたに残し、わたしの平和を与える。わたしはこれを、世が与えるように与えるのではない。心を騒がせるな。おびえるな。

（ヨハネによる福音書14章27節）

✧平和な心とは

ホスピスに入院中の患者さんで、いつも心配事が絶えず、一つを解決すると、新たな心配事が出てくるという方がいました。心配事を一生懸命考えていると、夜眠れなくなります。入院中なので身動きがとれないため心配事はなかなか解決されず、やがて悩み続けていることにも疲れてきて、「悩まなくていいように、死にたい」と口にされるようになりました。その方の周りにいる家族や友人たちは、みんな口を揃えて言いました。

「心配しなくても、なんとかなるから」と。

人はこの世を去る日まで、さまざまなことに思い患《わずら》い、悩み、心配して生きています。心配するなと言われても思い患いがなくなるわけではありません。しかし不安を感じる自分の人生に、安心できる平和な心が欲しいと願っています。とくに人生の最後の日々、平和な心で過ごせることは大いなる幸せです。

イエスはこの世を去るべき時が近づいていることを知って、弟子たちに告別の説教と呼ばれる長い説話をされました。その中で語られたイエスの言葉が冒頭の箇所です。

イエスは、自ら世を去るにあたって、弟子たちの不安な思いを理解されていました。告別の説教を聞きながら弟子たちは、自分たちが見捨てられてしまうのではないかと不安になっていると き、イエスは「わたしの平和」を与えると約束してくださいました。

イエスは、平和をあなたがたに残すと言いながらも、イエス自身はそのとき、最も平和な状態からかけ離れた姿だったのです。

この説教の数日前には、「今、わたしは心騒ぐ」（ヨハネ12章27節）と言われたばかりでした。さらにこれからゲッセマネで激しい苦悩を味わおうとされていたのです。十字架刑を前にしてゲッセマネで祈られたときのことが、次のように記されています。

「一同がゲッセマネという所に来ると、イエスは弟子たちに、『わたしが祈っている間、ここに座っていなさい』と言われた。そして、ペトロ、ヤコブ、ヨハネを伴われたが、イエスはひどく恐れてもだえ始め、彼らに言われた。『わたしは死ぬばかりに悲しい。ここを離れず、目を覚ましていなさい。』少し進んで行って地面にひれ伏し、できることなら、この苦しみの時が自分から過ぎ去るようにと祈り、こう言われた。『アッバ、父よ、あなたは何でもおできになります。この杯《さかずき》をわたしから取りのけてください。しかし、わたしが願うことではなく、御心《みこころ》に適《かな》うことが行われますように。』」（マルコによる福音書14章32〜36節）

イエスとて、使命としての十字架への道は、とてつもない苦しみでした。ルカによる福音書22章44節には、このような描写が記されています。

「イエスは苦しみもだえ、いよいよ切に祈られた。汗が血の滴《したた》るように地面に落ちた」

あまりの苦悩に苦しみもだえているとき、汗が血のしずくが落ちるような、重い大きな落ち方をしたというのです。そのような心の葛藤を抱えているちょうどそのとき、イエスは弟子たちに平和を残す約束をされました。

この世の平和とイエスの平和

イエスが言われる「わたしの平和」とはなんでしょうか。普通私たちが想像する、平穏な状況、悩みや心がかき乱される要因がまったくないような状態を意味しているのではありません。たとえ悩みや心配があったとしても、そこから脱することで得る平和ではなく、どんなことが起ころうと、一途に神のみ旨《むね》に従おうとする静けさがもたらす平和です。つまり苦悩があっても、迷わない心の静けさです。イエスは大きな苦悩の中にあっても、迷うことなく神に祈り、神の御心に適うことを求めていくことに徹することで、心の平和を得ていました。

どんな人でも、心に平和を欲しています。多くの人々が、より安定した生活状態を求めて生きています。この世が与える平和は、現実逃避をして嫌なことを一時忘れることで得られる平和です。一時的なものであって、すぐに壊されるものです。

しかし、イエスはこの世の平和とは別な平和を残すと言われました。それはイエスご自身の平和でした。あらゆる誘惑を退け、この世の希望や一時の安全を捨てなければならないときも、どんな外的な苦悩に囲まれていても、内的な平和をイエスは持ち続けていました。それと同じ内的な平和を残すと、約束してくださったのです。

今、私たちは、イエスの内的な平和をいただいて生きることができます。

ホスピスに、キリスト教の信仰を持っている六〇代の女性の患者さんがいました。気分の良いときは毎日聖書を読み、祈りながら日々を過ごしておられました。徐々に衰弱が進み、体の苦しみを感じるなかにあっても、イライラすることもなく、たんたんとされているのです。

「ご心配なことはありませんか」と問いかけてみると、「心配がないと言ったら嘘になるけれど、今は心配しすぎることもなく、心は平和です。こうやって死んでいくんだなと静かな気持ちで過ごせています。何度も聖書で読んできたイエスの平和を、今いただいています。神様が私を呼んでくださるのを、あとは待つばかりですよ」。穏やかな美しい笑みでした。

二〇代の男性の患者さんは、容態が急変して一般病棟から集中治療室に運ばれ、人工呼吸器があわただしく取り着けられました。どんなに気落ちしているだろうと思い会いに行きました。すると彼はにっこり笑って、声は出ませんが大きく口を動かして思いを伝えてくれました。「自分でもびっくりするくらい、心は平和なんだ。これが約束されていたイエス様の平和なのかな」。

彼は病床で信仰を持ち洗礼を受けた人でした。理屈っぽい方でイライラして人につっかかってくるような人でしたが、洗礼を受けてからは、ただひたすら神を見上げ、聖書の約束の言葉を信じて笑顔でした。そして人工呼吸器につながれた姿で約一カ月間生き続け、旅立っていきました。

小さなことで悩み続けている私たち、心配事を次々と作ってしまう私たちに、イエスは今日も言われています。

「心を騒がせるな。おびえるな。わたしの平和をあなたたちに与える」

本当の安らぎ

疲れた者、重荷を負う者は、だれでもわたしのもとに来なさい。休ませてあげよう。

疲れた者、重荷を負う者は、だれでもわたしのもとに来なさい。休ませてあげよう。わたしは柔和《にゅうわ》で謙遜な者だから、わたしの軛《くびき》を負い、わたしに学びなさい。そうすれば、あなたがたは安らぎを得られる。わたしの軛は負いやすく、わたしの荷は軽いからである。

（マタイによる福音書11章28～30節）

✣生きているのが疲れるとき

「聖書にはたくさんのことが書かれているようですが、その中で有名な言葉といえるものがあるのでしょうか」と問われたことがあります。もちろん聖書の言葉にランク付けはありませんが、よく使われる言葉、キリスト者なら誰でも知っている言葉という意味で有名なものの一つが、このマタイによる福音書の言葉です。

生きていることが疲れると感じることがあります。体の疲れ、心の疲れ、またはその両方かもしれません。疲れてくると活気がなくなり、意欲がなくなります。自分らしい輝きも失われます。無気力になることもあれば、周りの人に当たったりイライラしたりして心を平安に保つことが難しくなります。

「重荷を負う」とは、人生の思い患いや困難を抱えている姿、人生の苦しみを背負っている姿が考えられます。さらに、罪意識の重荷に苦しむ姿も考えられます。他者への暴言や中傷、暴力等、後になって自分がしたことの過ちに気づき、後悔の思いとともに相手への申しわけなさといった罪意識を持って生きている人がいます。

疲れたり、悩み苦しんでいるとき、人は何を求めるのでしょうか。それは心の安らぎです。ほっとしたいということです。問題を解決することよりも、まずは休みたい、安まりたいと思うのではないでしょうか。

Bさんは事故が原因で下半身が麻痺し、左手も不自由です。病院のベッドの上で、「これからどうやって生きたらいいの!」と叫ぶような思いで生活していました。いっそのこと死んでしまいたいと思っても、自殺さえ自分でできないことを嘆いていました。

そんなとき、二人部屋の隣の方がクリスチャンだったのか、お見舞いにやって来た宣教師の方が、一冊どうぞと新約聖書を置いていきました。別に興味もなく、しばらくほうっておいたそうです。それからもBさんは、絶望の中で次第に死ぬことばかりを考えるようになりました。

ある日、ふと聖書を手にとる気になりぱらぱらと読んでみましたが、そのときは何も心に響きませんでした。聖書には自分を力づけるものはないのかとがっかりしましたが、かといって捨ててしまう気にはなれませんでした。しばらくたってからもう一度読んでみることにしたのです。それでも心に訴えるものがなければ、私は聖書と縁がなかったとあきらめようと思っていたのです。それはつまりもう希望が持てないということだから、そのときは死ぬ覚悟を決めようとも思いました。そしてしばらくして再び読み始めました。するとどうでしょう。前にも確かに読んだ「休ませてあげよう」という言葉が、まさに自分に語りかけられているように感じ、なんとも言えない安らぎを得たのです。自殺すら自分の力でできないでいる自分に、「休ませてあげよう」と言ってくれる方がまだおられるんだと思った途端に、心が熱くなり出したのです。心の奥底に隠れていた「生きたい」という思いがあふれてきて、生きる希望が芽生えてきたと言うのです。

本当に人生の重荷に疲れ、苦しんでいる者にとって、「休ませてあげよう」というイエスの言葉は、大きな心のなごみとなります。やっと見つけることのできた「心の救い」といったらよいのでしょうか。そして初めて読んだときは心に響かず、何度目かに読んだら心に訴えるものがあったというのも、神様のユニークな働き方です。Bさんは「休ませてあげよう」というイエスの言葉を、約束の言葉のように感じ、「わたしのもとに来なさい」と招いてくださっているイエスのことを知りたいと思うようになっていきました。隣のクリスチャンの患者さんとそこにお見舞いにやってくる宣教師の方に、聖書のこと、イエスのことを尋ねて学ぶようになりました。

❖ イエスの生き方に学ぶ

イエスはどのような方なのでしょう。イエスは「わたしは柔和で謙遜な者だから」と言われています。「柔和」とは心優しいこと、「謙遜」とは心のへりくだった姿のことです。自分を低くされるイエスは、人の抱える苦しみや重荷を知っています。私たちがこの世で抱えるあらゆる苦しみや悩みを知っておられるならば、イエスは私たちに心の安らぎを届ける方法を持っているはずです。だからイエスは「わたしのもとに来なさい」と言われます。さらに「わたしの軛を負いなさい」とは、信仰的に解釈するならば、自分の欲のまま勝手に生きるのではなく、イエスの主権を全面的に認め受け入れて、イエスとの師弟関係に入ることを意味しています。それが真の安らぎを得る道だからです。「安らぎ」という言葉の原語からイメージできるのは、竪琴の弦をゆるめることで、不安や罪悪意識、不満等の極度の緊張から解放され安らぎを得た状態です。張り詰めた緊張から解放され、ほっと安心感を手にした姿です。

そのために、イエスは「わたしに学びなさい」と言われます。つまり「わたしの生き方に学びなさい」と言われているのです。イエスの生き方に学ぶとき、そこには心の安らぎがあり、自分らしく輝いて生きる道があるのです。

「わたしの軛は負いやすい」の軛とは、牛車などが引く牛馬の頸《くび》の後ろにかける横木のことですが、イエスの軛は、一人一人にぴったり合うように作られているので快適だというのです。一人一人の体に合うようにでき上がっているということは、イエスが一人一人の最善のことを知っておられるということです。

「わたしの荷は軽い」とは、イエスと共に生きるとき、重荷も軽くなるという意味です。

かつて私が二〇代だった頃、私の上司は人の話を聴くのが上手な人でした。相談者が急にやって来ても気持ちよく受け入れ、目を見つめて懸命に話を聴き、共感的理解と態度を示していました。相談者は多くの場合、問題は決して解決していないのに、相談に来たことに満足して、帰り際にこう言うのです。「親身になっていただきありがとうございました。おかげで荷が軽くなりました」と。

私はこの上司の姿を見て、相談に乗るということは、問題解決だけが目的ではないということを学びました。解決できるものは解決への援助はもちろん必要ですが、解決が難しい、今すぐその問題を取り除いてあげることができないケースも、人生にはたくさんあります。それでも前に向かって進んでいくためには、荷を軽くしなければなりません。では親身になることで重荷が軽くなるとはどういうことでしょう。それは親身になってもらうことによって、その人と共に歩む人生になるからです。人は自分の苦しみを理解してくれる人を求めています。自分の気持ちがわかってもらえたと思うとき、一人ぼっちではないと思え、荷が軽くなり、前に進んでいく勇気が持てるようになります。

イエスは私たちの苦しみをわかってくださる方です。親身になって心配してくださる方です。問題がたとえすぐに解決しなくても、わかってくださるイエスと共に生きるとき、必ず荷が軽くなり、心に安らぎを得る体験を持つことができます。

Bさんは、宣教師をはじめ、教会の方々によって聖書を深く学ぶようになり、生きている意味を見出せるようになりました。今はクリスチャンとなって、生き生きと自分の人生を歩んでおられます。

試練の意味

あなたがたは、これを鍛錬として忍耐しなさい。

「わが子よ、主の鍛錬を軽んじてはいけない。主から懲《こ》らしめられても、力を落としてはいけない。なぜなら、主は愛する者を鍛え、子として受け入れる者を皆、鞭打《むちう》たれるからである。」

あなたがたは、これを鍛錬として忍耐しなさい。神は、あなたがたを子として取り扱っておられます。いったい、父から鍛えられない子があるでしょうか。もしだれもが受ける鍛錬を受けていないとすれば、それこそ、あなたがたは庶子《しょし》であって、実の子ではありません。更にまた、わたしたちには、鍛えてくれる肉の父があり、その父を尊敬していました。それなら、なおさら、霊の父に服従して生きるのが当然ではないでしょうか。肉の父はしばらくの間、自分の思うままに鍛えてくれましたが、霊の父はわたしたちの益となるように、御自分の神聖にあずからせる目的でわたしたちを鍛えられるのです。およそ鍛錬というものは、当座は喜ばしいものではなく、悲しいものと思われるのですが、後になるとそれで鍛え上げられた人々に、義という平和に満ちた実を結ばせるのです。

（ヘブライ人への手紙12章5〜11節）

✧神様が与える試練

人生にはなぜ、試練があるのでしょうか。苦しみがまったくない人生だったらいいのにと思います。苦労するとき、その苦労をどう見るかで、人生は違ったものになってしまいます。学生生活は友達に恵まれて楽しく過ごし、受験は一発で合格し希望の学校に入学し、第一志望の会社に就職、初恋の人と結婚、伴侶は自分を大切にしてくれて、子どもにも恵まれ、その後、希望の部署で昇格なんていう人生を送っている人がいたとしたら、羨ましいかぎりです。

しかし、ほとんどの方が人生の挫折や苦労を味わってきているのではないでしょうか。学校でいじめに遭ったり、努力したけれど希望校に入れなかったり、就職試験は不合格で結局したい仕事に就けなかったり、結婚して欲しかった子どもに恵まれなかったり、同期の友人はどんどん昇格していくのに、自分の働きを認めてもらえないということもあります。また絶好調の人生を歩んでいるときに、事故に遭ったり病気になったりして、今までの生活を失うこともありますし、自分の大切な人を失うことで大きな悲しみを背負うことがあります。

私たちが抱える人生の試練にはどんな意味があるのでしょうか。

使徒パウロは、旧約聖書の箴言《しんげん》3章11～12節を引用して、ここで私たちの試練の意味について説明しています。肉親の父親すらわが子の成長を願って訓練をするのです。叱ってもくれない父親だとしたら、それは寂しいことです。

かつて四〇代の男性の患者さんがこんな話をされていました。

「小さいとき、父は厳しい人でよく叱られました。子ども心に、そんな父が好きではなく、ただ怖い人だったのです。中学生のとき、友人をいじめ、そのことで父にひどく叱られ殴られました。そのとき父の涙をはじめて見ました。父は私を泣きながら殴っていたのです。父は私の心を正すために殴っていると思いました。父の愛を感じました。そして父を悲しませることは、もう二度としてはいけないとそのとき心に誓ったのです」

子どもを厳しく訓練する父親の姿は、意味のない懲らしめではなく、愛するゆえの姿です。必死で関わってくれるからこそ愛が伝わり、やがてそれは父親への尊敬の念を生みます。

しかし、肉親の父親は自分がよかれと思うままに子どもを訓練することになります。つまり、よかれと思う判断が間違ったり、訓練の方法が適切でなかったということが起こる可能性があるのです。親としての愛情だけでなく、そのときに親が持っている怒りや憎しみといった感情も混じることがあります。

六〇代の男性の患者さんは、後悔の思いを込めてこんな話をされました。

「子どもを三人くらいほしいと思っていたのに、一人しか生まれませんでした。その一人息子を大切に大切に育てたつもりだったけれども、今から考えてみると親のエゴで育てたようなものです。息子の願いも夢も全部握りつぶしてきました。お前の将来のためにと言って、したいことをさせてやらなかったのです。ホスピスで人生の晩年を迎えている今、もっと息子の思いをくんで育ててやったらよかったと思います」

一人息子なので、この方は一生懸命に関わり、大切に育てたはずでした。しかし人生の最後の日々に気づいたのです。厳しい育て方が、息子の将来のためにと思う親としての愛情だけでなく、親のエゴが混じったものになっていたことを。

試練から学ぶこと

これが肉親の親の姿ですが、これに比べて霊の父親は違います。霊の父親とは神様のことです。神様の愛も判断も完全であり、私たちにとって益になることだけをされます。神様が私たちを鍛え上げようとされる訓練には過ちがないのです。そしてすべての訓練は神聖にあずかれるようになるためのもの、つまり、私たちの良心が清められ、神様と共に生きる生活を全うできるようにという目的のためのものです。

私たちは試練を経ていかなければ学べないものがあり、多くの苦しみを経ることによってのみ、神の聖《きよ》さに近づける者になれるのです。

ですから、人生の試練には意味があります。天の父である神様が、愛するがゆえに届けてくださる試練として、目の前の苦しみをキリスト者は受けとめます。そして具体的に何を教えようとされているのかを祈って考え、私はどうするべきか、どう生きるべきかを学んでいくのです。やがて試練を経て、苦労した足跡をふり返ってみるとき、ただ苦労しただけの嫌な思い出ではなく、そこには学び得たものがあって、鍛え上げられた者しか持てない幸せが待っています。それはこの世だけの幸せではなく、天国に続く幸せであり、神の国の民にふさわしく整えられていく喜びです。

ホスピスに入院してきたとき、家族とは疎遠状態であると言われた五〇代の女性の患者さんがいました。ところが、家族が少しずつ見舞いに来るようになりました。家庭を顧みることのなかった彼女は、自分の人生がうまくいかないのは家族のせいだと思い、自分の人生に不満を持っていました。がんに罹《かか》り、ますます自分の人生の不幸を嘆く日々を送っていました。ところが、病床の中で、自分の人生をふり返っているうちに、家族に会いたいという素直な思いが心の中でどんどん大きくなり、自分から連絡をしたのです。自分の兄弟、夫、そして娘に会いたいと連絡をしたら、彼らが来るようになったということです。彼女は病気になって素直になりました。そんな彼女の周りに家族は集まるようになり、彼女との絆のみならず、家族同士もバラバラだったのに、互いに関わるようになりました。彼女は後にこう言いました。

「病気になって、どうして私だけがこんな思いをしなければならないのかと、腹が立っていました。なぜなら病気になることは不運だと思っていたからです。でも病気になってはじめて自分の人生を考えました。やっと素直になることを学ぶことができました。おかげで家族の絆を取り戻し、今はみんなが私のところに集まってくるようになりました。私の人生で今が一番幸せです」

試練に遭ったとき、気落ちしすぎないようにしましょう。そして自分の人生を見つめ直しましょう。不運だと思っていた現実が、実は意味ある学びのチャンスなのです。試練にノックアウトされて倒れても、学び得たものを手にして起き上がりましょう。試練には必ず意味があります。

イエスと出会う

試練を受けて苦しまれたからこそ、試練を受けている人たちを助けることがおできになるのです。

イエスは、神の御前《みまえ》において憐れみ深い、忠実な大祭司となって、民の罪を償うために、すべての点で兄弟たちと同じようにならねばならなかったのです。事実、御自身、試練を受けて苦しまれたからこそ、試練を受けている人たちを助けることがおできになるのです。

（ヘブライ人への手紙2章17〜18節）

◆他者の苦しみ

悩みがあって、信頼のできる人に相談してみたところ、こちらの苦しみや悲しみがきちんと理解されなかったように感じて、がっかりしたことはありませんか。やっぱり、同じ体験をしていないと人の気持ちはわからないのでしょうか。

ホスピスで患者さんが時々口にされる言葉には、がんを患った者しかわからない気持ちが込められています。元気な者にはわからないよと言われると、突き放されたように感じ、援助者として無力さを感じます。相手の気持ちをある程度想像してみる努力はできますが、全部がわかるわけではありません。誰かの力になろうとするとき、私たちには理解の限界があります。

ところがイエスは、私たちの大祭司となってくださいました。罪人は聖なる神に近づくことはできません。しかし祭司が罪のなだめをするなら、私たちは神に近づくことができます。イエスは、自らは罪のない者であるがゆえに、神の御前に出ることも、私たちの罪をあがなって私たちの代わりに神の前に出ることもできました。罪は神の怒りを引き起こします。神の怒りをなだめるために、罪のあがないがどうしても必要でした。

「キリストは、神の身分でありながら、神と等しい者であることに固執しようとは思わず、かえって自分を無にして、僕《しもべ》の身分になり、人間と同じ者になられました。人間の姿で現れ、へりくだって、死に至るまで、それも十字架の死に至るまで従順でした」（フィリピの信徒への手紙2章6〜8節）

神の御子であるイエスは、私たちの罪のために、人間の姿となって生まれ、十字架の死をもってなだめの供え物になってくださいました。つまりイエスは、私たちのあがないのわざをすべき大祭司として、私たちと同じ姿となり、人としての試練や苦難を体験されたのです。イエスは憐れみ深い方です。そして「すべての点で兄弟たちと同じようにならねばならなかった」と記されれています。イエスは、私たちの苦しみや悲しみを見ているだけの方ではありません。イエスは私たちが人生で味わうであろうすべての苦しみを共感できる方であるということです。忠実な大祭司として、イエスはやり遂げました。それゆえに、多くの苦しみを受け、試練を身に受けたからこそ、私たちを助けることがおできになれるのです。

✧イエスの苦しみ

さて、イエスの人としての歩みを聖書の中に見ることができます。イエスは人として、全人格的に苦難を体験されています。

まず一つは、身体的な苦しみです。十字架につけられる前に、イエスは殴られています（マタイによる福音書26章67節、マルコによる福音書14章65節、ルカによる福音書22章63節）。前夜から一睡もせず、食事もとらず、裁判に引き回され、殴られ、受刑者として十字架の横木を背負っていかなければなりませんでした。十字架にかかる前に、十字架にかかったときの極度の痛みを少しでも和《やわ》らげるために用意されていた「苦いものを混ぜたぶどう酒」を、イエスはなめただけで、飲もうとされませんでした（マタイ27章34節）。ここに十字架刑の苦しみを極限まで味わおうとされたイエスの姿を見ることができます。イエスは午前九時に十字架につけられ、息が絶えたのは午後三時でした。六時間にもおよぶ苦しみでした（マルコ15章25～37節）。

このような身体的苦しみを体験されたイエスは、私たちの体の痛みや病気の苦しみ、体の不自由なつらさをわからないはずはありません。

二つ目は、精神的な苦しみです。

イエスは、三年間の公生涯において、一二人の弟子を選び育ててきましたが、そのうちの一人であるユダが、イエスを銀貨三〇枚で祭司長や長老たちに売って、イエスを裏切りました（マタイ26章47節～27章3節）。育ててきた弟子に裏切られる思いとはどのような悲しみであり怒りでしょうか。イエスが捕まえられたとき、他の弟子たちもみんな怖くなって、イエスを見捨てて逃げてしまいました（マタイ26章56節）。また、一二弟子の一人であるペトロは、あなたはイエスと一緒にいた人、イエスの仲間ではないかと三回問われて、「そんな人は知らない」と三回とも否定しました（マルコ14章66～72節が詳細）。イエスが逮捕されてからの弟子たちの姿は情けないものので、イエスはどれほどがっかりしたことでしょうか。三年間も大切に育て、信頼をし、期待をしていた弟子たちなのです。

私たちも人間関係で傷つきます。肝心なときに期待していた人が力になってくれないということがあります。信頼していた人に裏切られることもあります。味方だと思っていた人が敵側についてしまうこともあります。裏切られたと思ったとき、人は相手に対して大きな怒りと憎しみを持ちます。心は深く傷つけられ、かき乱されます。イエスはまさしく、人間関係の心の傷を体験された方でした。それゆえに、私たちの心の苦しみもわかってくださいます。

また、イエスはお育ちになったナザレで、会堂にいた方々に教えを述べられると、人々は皆憤慨し、総立ちになって、イエスを町の外へ追い出し、町が建っている山の崖まで連れて行き、突き落とそうとしたというのです（ルカ4章16〜30節）。イエス自身、「預言者は自分の故郷では敬われないものだ」とはっきり言われています（ヨハネ4章44節）。

故郷とはなんでしょうか。若い頃、生まれ育った地が嫌で、都会にあこがれて田舎を出ていった人や、故郷よりもまさると思える地を見つけて生活している人も、決して故郷を忘れたわけではありません。そして人生を終えようとするとき、思いは故郷に戻るのです。ホスピスで行われるコンサートで、よく「故郷《ふるさと》」（作詞：高野辰之、作曲：岡野貞一）という唱歌が歌われます。参加されている患者さん方が、この曲を聴いてよく涙を流されます。幼い頃育った地とそこでの思い出は、たとえ認知症になられても、最後まで記憶に残りうる可能性があります。自分の旅立ちが近づいてきたとき、故郷から遠く離れた地で入院生活を送り、もう一度故郷に帰りたかったなと言われる方は多くいます。

イエスは自分の故郷から追い出された方です。イエスの教えは他の地で敬われることはありましたが、自分の育った地では歓迎されることはありませんでした。故郷に帰りたくても帰れない事情の方もいることでしょう。一番理解してもらいたいと思っている自分の故郷で自分を受けとめてもらえない悲しみをイエスはご存知です。理解してもらえない苦しみをイエス自身体験されたからです。

三つ目は、社会的な苦しみです。

イエスは使徒たちに言いました。『その人は犯罪人の一人に数えられた』と書かれていることは、わたしの身に必ず実現する」（ルカ22章37節）。イエスは旧約聖書のイザヤ書53章12節を引用し、その言葉どおり私の身に起こると言われたのです。

「犯罪人の一人に数えられる」とは、社会的な立場として、世間に顔向けのできない姿です。世間から非難され、責められ、追い詰められた生き方を強いられます。しかも犯罪者自身だけでなく、その家族も社会から白い目で見られるようになります。犯罪者が出た家族は、世間の注目をあびることになり、他の家族メンバーの人生も大きく影響を受け、狂わされることになります。

イエスは本当は犯罪人ではありませんでした。にもかかわらず、犯罪人としての汚名を着せられ、不名誉な立場を強いられました。私たちは社会の中で自分の立場を得て生きています。病気になって学校へ行けなくなったり、仕事ができなくなったりすると、人は社会とのつながりを失ったような寂しさを感じます。リストラされて仕事を失うと、社会の中での自分の立場が見えなくなってしまいます。

犯罪人として取り扱われた経験から、イエスは、社会的立場が揺らいだ場合の私たちの苦しみを理解でき、共感できる方なのです。

イエスは犯罪者の苦しみも、その家族の苦しみもわかってくださいます。リストラされた人の思いも、病気や事故で仕事を失った人の思いもわかってくださいます。なんらかの理由で施設で生活しなければならなくなった人の気持ちを共感してくださいます。なぜなら、イエスは私たちのいかなる体験にも勝る体験をされたからです。

四つ目は、霊的（魂の）苦しみです。

イエスは十字架刑を受け、午後三時に亡くなる直前、十字架上で大声で叫ばれました。「エロイ、エロイ、レマ、サバクタニ」。これは「わが神、わが神、なぜわたしをお見捨てになったのですか」という意味でした（マルコ15章34節）。イエスは人々に見捨てられただけでなく、父なる神様に見捨てられる経験をしました。この世の罪の重荷を背負って、罪の刑罰としての十字架にかけられ、罪人とまったく同じになり、実際に父なる神様から見捨てられたのです。それは深い孤独を味わったということです。

ホスピスの患者さんから、こんなことを言われたことがあります。

「イエス様は三三歳で十字架にかけられたということは、老いの苦しみは味わっていないんだから、わかるはずないよね」

確かに、四〇代、五〇代、六〇代、七〇代、八〇代、九〇代のイエスの姿を聖書に見ることはできません。だから、イエスとて私たちの苦しみを理解するのに限界があるのではないかと思ってしまいます。老いの苦しみとはなんでしょうか。目がかすんでくること、耳が遠くなること、腰が曲がり足腰が弱くなること、すぐ忘れてしまうこと、髪の毛が薄くなることなど、老いの特徴はいろいろあります。一つ一つの衰退の過程はやはり寂しくつらいものがありますが、本質的な深い苦しみとはなんでしょうか。それは「孤独」です。

イエスは父なる神様から見捨てられるという極限の孤独を人として味わいました。これは老いのすべての苦しみに勝る体験です。父なる神様から見捨てられるというのは、私たちがこの世で味わうであろうすべての苦しみを超越した魂の痛みであったに違いありません。

イエスは、人としてのあらゆる苦しみをわかってくださる方です。わかろうと努力をしてくださるだけでなく、なんとなくわかってくださるのでもなく、十分な理解に余りあるほどの自分の試練の体験から、私たちを必ず助けることができる方です。

2 私らしく生きる

求めなさい。そうすれば、与えられる。

求めなさい。そうすれば、与えられる。探しなさい。そうすれば、見つかる。門をたたきなさい。そうすれば、開かれる。だれでも、求める者は受け、探す者は見つけ、門をたたく者には開かれる。

（マタイによる福音書7章7～8節）

❖願いと祈り

あなたは今、どうしてもほしいと思っているものがおありですか。すてきな洋服やバッグ、あるいは靴でしょうか。それとももっと高価なもの、車や家、宝石といったものでしょうか。ものではなくて、こうなりたいという願いを持っていらっしゃるかもしれません。例えば希望の学校に入学したいとか、付き合っている相手と結婚したいとか、会社で出世したいとか。

どうしてもほしいものがあるとき、どうされていますか。

聖書にある「求めなさい」「探しなさい」「たたきなさい」という言葉は、その行為をし続けることを要求する命令形の言葉です。根気強く、あきらめない姿を意味しています。

ルカによる福音書18章1～4節に、イエスがされた、あきらめないで祈り続けることを教えたたとえ話が記されています。

「ある町に、神を畏《おそ》れず人を人とも思わない裁判官がいた。ところが、その町に一人のやもめがいて、裁判官のところに来ては、『相手を裁いて、わたしを守ってください』と言っていた。裁判官は、しばらくの間は取り合おうとしなかった。しかし、その後に考えた。『自分は神など畏れないし、人を人とも思わない。しかし、あのやもめは、うるさくてかなわないから、彼女のために裁判をしてやろう。さもないと、ひっきりなしにやって来て、わたしをさんざんな目に遭わすにちがいない。』」

冷酷な裁判官の心を動かしたのは、やもめがしつこく求めたからでした。

また、ルカによる福音書11章5～8節には、こんなたとえ話も記されています。

「あなたがたのうちのだれかに友達がいて、真夜中にその人のところに行き、次のように言ったとしよう。『友よ、パンを三つ貸してください。旅行中の友達がわたしのところに立ち寄ったが、何も出すものがないのです。』すると、その人は家の中から答えるにちがいない。『面倒をかけないでください。もう戸は閉めたし、子供たちはわたしのそばで寝ています。起きてあなたに何かをあげるわけにはいきません。』しかし、言っておく。その人は、友達だからということでは起きて何か与えるようなことはなくても、しつように頼めば、起きて来て必要なものは何でも与えるであろう」

ここでも、その人を起きる気持ちにさせたのは、友人が頼み続けたからです。

「しつこさ」が人を動かす

年の初めに、日本では多くの方々が神社やお寺に初詣に行きます。手を合わせて自分のお願いや夢を神様や仏様に頼みます。まるで一年分をまとめて拝むかのような姿です。一年分の幸せを願って一年に一度だけ拝みに行くのです。

しかし、イエスは本当の幸せを見つけるためには、「求めなさい」「探しなさい」「たたきなさい」と三つの言葉を重ねて、忍耐を持って祈ること、祈り続けるべきことを強調しました。求めなさい。求めても与えられなかったら、探してみなさい、と言います。それでも見つからなかったら、門をたたいてみなさいと言うのです。たたき続けていたら、うるさくてたまらず門を開けてくれるかもしれないということです。

あなたがほしいものは、一年に一度の初詣のお願いで十分なものですか。

本当の幸せを求めようとしたら、執念を持って忍耐強く求めなければ得ることはできません。

しかし一般に、「しつこさ」というものは嫌がられるものではないでしょうか。買い物に行ってしつこく商品を奨められるとかえって買う気がなくなります。人にしつこくつきまとわれると、腹が立ちます。しつこく言い続けられると、ストレスがたまります。

一方で、しつこさの中にメッセージを感じる場合があります。しつこさの中に、ひたむきな情熱を感じるといったらよいのでしょうか。その熱意に心が揺れ、やがて心が動かされることがあるのです。

私の友人の若い頃の話です。彼女はハイキングに行って、一人の男性に好意を持ちました。その人とすぐに個人的に親しくなったわけではなく、リーダーとして参加者を誘導し、とりまとめている姿を見て、好意を持ち始めたのです。ハイキングから帰ってきて、その思いをうれしそうに語ってくれました。その後も友人はその人のことが忘れられず、自分の思いを手紙に書いて相手に送りました。しかしその方からはなんの返事も来ません。それでも彼女は折りを見て定期的に手紙を書き続けました。やはり返事は来ませんでした。

ところが、彼女が一〇〇通目の手紙を出したあと、なんと返事の手紙が届いたのです。そのときの彼女の喜びはとても大きなものでした。やっと自分の思いが届いたと思えた瞬間でした。それから二人の交際が始まり、やがて結婚へと進みました。

その結婚式の披露宴の席で新郎は次のように挨拶しました。

「手紙をもらい始めた頃、彼女とは一度も二人でしゃべっていないし、彼女の思いをどう受けとめていいのかわからず、戸惑う思いがありました。次々届く手紙を重荷に感じたこともあります。しかしなぜか、届く手紙を捨てる気持ちにはなれませんでした。やがて七〇通を超えた頃ぐらいから、彼女の手紙を待つようになりました。彼女の熱意、ひたむきな情熱、一生懸命な真心を徐々に素直に受けとめられるようになっていきました。一〇〇通目が届いたとき、迷うことなく、会って話がしたいと返事を書くことができました。私は手紙が増え出してから、数をきちんとカウントしていました。最初の頃、これらの手紙にはどういう下心があるのだろうと疑う思いがあって重荷だったのに、彼女の下心のないひたむきな熱意によって、こんなに自分のことを思ってくれる人は他にはいないのではないだろうか、自分はたくさん愛されているんだと、素直に喜べるようになりました。実際に交際を始めるとその思いが一層強くなり、結婚を決意しました。私は彼女からこんなに愛されて幸せです。私も彼女を大切にしていきたいと思います」

しつこさにもいろいろあります。しかし、しきりに願うその姿に、真剣さを感じるとき、人の心を動かすことがあるのです。ましてや神様は、とことん情熱を持って、神様を求め、本当の幸せを求め、自分の真の生き方を探している人に、必ず答えてくださるはずです。

私が私らしく輝いて生きる道は、探し続け、祈り続ける中で見えてくるものです。

傷跡を生かす生き方

信じない者ではなく、信じる者になりなさい。

十二人の一人でディディモと呼ばれるトマスは、イエスが来られたとき、彼らと一緒にいなかった。そこで、ほかの弟子たちが、「わたしたちは主を見た」と言うと、トマスは言った。「あの方の手に釘《くぎ》の跡を見、この指を釘跡に入れてみなければ、また、この手をわき腹に入れてみなければ、わたしは決して信じない。」さて八日の後、弟子たちはまた家の中におり、トマスも一緒にいた。戸にはみな鍵がかけてあったのに、イエスが来て真ん中に立ち、「あなたがたに平和があるように」と言われた。それから、トマスに言われた。「あなたの指をここに当てて、わたしの手を見なさい。また、あなたの手を伸ばし、わたしのわき腹に入れなさい。信じない者ではなく、信じる者になりなさい。」トマスは答えて、「わたしの主、わたしの神よ」と言った。イエスはトマスに言われた。「わたしを見たから信じたのか。見ないのに信じる人は、幸いである。」

（ヨハネによる福音書20章24～29節）

「生傷」と「傷跡」

イエスは金曜日の午前九時に十字架につけられ、午後三時に息をひきとりました。そしてその日の日没前に埋葬されました。日曜日の夕方、弟子たちはイエスを十字架につけたユダヤ教当局者を恐れて、一室に戸を閉めて閉じこもっていました。ところが復活されたイエスが突然入ってきて、彼らの真ん中に立たれました。そして釘を刺された手とわき腹の傷を見せられたのです。十字架の傷跡です。

ところがその日、弟子のトマスだけはその場にいませんでした。他の弟子たちが復活したイエスを見たと告げると、トマスは見るだけでなくイエスの傷跡にさわることを求めました。八日の後、復活のイエスは再び姿を現わされました。その日も戸は閉じられていたにもかかわらず、イエスは来て真ん中に立ちました。そしてイエスはトマスに、傷跡にふれるように言いました。

復活したイエスの体は、物理的空間に縛られずに自由に動き回ることができたようです。戸には鍵がかけられていたのに、イエスは入ってくることができました。復活後のイエスの体は「霊の体」（コリントの信徒への手紙一15章44節）でした。しかしそれでいて、イエスは十字架においての傷跡を負ったままの姿でした。決して超人間的な体ではありませんでした。

イエスはなぜ、傷跡を保持した姿で弟子たちの前に現われたのでしょうか。

「生傷」と「傷跡」は同じではありません。手術後の生傷は痛くてつらいものです。また傷つくような言動を相手からされて、心傷ついた日は腹が立ったり、相手を憎む気持ちすら持ってしまいます。体の傷にしても、心の傷にしても、傷を負った直後の生傷のときは、つらく苦しく、悲しいものです。

しかし、傷を持ったがゆえに、人の心の優しさにふれることがあります。病気になって、家族の優しさが身にしみるとおっしゃる患者さんがたくさんいます。傷を負ってはじめて人の心の痛みがわかるようになるというこどもあります。中学生のとき、ある友人に腹が立ち、いじめをするようになった方が高校時代には自分がいじめられる側になったというのです。その方は言われました。「いじめられる側になってみて、はじめていじめられる方の心の痛みがわかりました」。

ホスピスでがんの痛みに苦しんでおられるシスター（修道女）がいました。痛み止めのお薬をもらわれませんかと勧めると、「もう少しだけこの痛みに耐えさせてください。私は自分が痛みを体験することで、イエス様の十字架上の苦しみを、今まで以上に黙想することができるのです」と言われました。

傷の苦しみは、人に新しい視点で物事を見るチャンスを与えてくれます。

傷跡が伝えるメッセージ

イエスの復活において、「傷跡」は大切なメッセージを持っているように思えてなりません。そのメッセージとはなんでしょう。そもそも傷跡とはなんでしょうか。傷が癒された跡ということです。もう痛くも痒《かゆ》くもない状態です。手術の後がとてもきれいに処置されていて、年月がたつと跡がほとんど見えなくなるということがありますが、傷跡が消えてなくなるということはありません。傷跡は必ず残ります。

時々ホスピスの患者さんが、以前に受けた手術の傷跡を見せてくださることがあります。毎日着替えるとき、お風呂に入るたびに、術後の傷跡を目にされていることでしょう。傷跡とは私たちに何度も傷を思い出させるシンボルです。私たちは人生の中で負った傷を、決して忘れてはいけません。なかったことにするわけにはいかない以上、しっかりとその傷跡を見つめながら生きなければなりません。つらく苦しい経験を思い出して、誰かに腹を立てたり、憎しみを募らせるためではありません。生傷が傷跡になるとき、そこには癒しが働き、傷の体験があったからこそできる生き方が生まれてくる可能性があるからです。

大学で教えたある学生は、レポートの中にこう書いていました。「私は中学時代、いじめを経験してとても心が傷つきました。カウンセリングを受けて心癒され、あのときお世話になったスクールカウンセラーに私もなりたいと思うようになって、学校心理学を今専攻しています」。

また、外科病棟で出会った男性の患者さんは当時、三〇代でした。世界を駆け回る商社マンで、大切な商談に出かける直前に腰痛のために入院、手術ということになりました。術後から退院するまでの間、関わりましたが、大事な仕事を棒に振ったことをずっと嘆いておられました。しかし幸いなことに、病気のほうはすぐに手術を受けたおかげですっかり良くなられて、元気に退院して行かれました。三カ月くらいたった頃、その方からお手紙が届きました。もとの生活に戻られて、バリバリ仕事をされているのかなと思って手紙を読み始めると、意外な内容でした。

「退院してから、もとの生活に戻りましたが、仕事に対する気持ちが、病気をする前と変わってしまいました。商社マンとしての働きは私の誇りでした。しかし病気をして手術を受け、元気になった今、もっとしなければならないことがあるように思えて仕方ありません。今、医学部を受験するために、猛勉強中です。合格できますように祈っていただけるとありがたいです」

イエスは復活のとき、「傷跡」を大切に保持されました。人生の傷は当初は嫌なものです。しかし癒された傷跡には意味が生まれ、使命を持った生き方が芽生えてくることを、イエスは期待されています。

さて、イエスはトマスに傷跡にさわることを勧めましたが、さわるまでもなく「わたしの主、わたしの神よ」と信仰告白しています。イエスは「わたしを見たから信じたのか。見ないのに信じる人は、幸いである」と言われました。イエスの復活の体をこの目で見ることも、それにさわることもできなくなるときが来ることを思ってイエスは言われたのでしょう。そして今がその時です。私たちは肉眼でイエスの復活の姿を見ることができません。

「見ないのに信じる人は、幸いである」

この目で見られなくても、信仰の目で、イエスを見、感じ、信じられる者は、幸いな人です。

関わる勇気

行って、あなたも同じようにしなさい。

イエスはお答えになった。「ある人がエルサレムからエリコへ下って行く途中、追いはぎに襲われた。追いはぎはその人の服をはぎ取り、殴りつけ、半殺しにしたまま立ち去った。ある祭司がたまたまその道を下って来たが、その人を見ると、道の向こう側を通って行った。同じように、レビ人もその場所にやって来たが、その人を見ると、道の向こう側を通って行った。ところが、旅をしていたあるサマリア人は、そばに来ると、その人を見て憐れに思い、近寄って傷に油とぶどう酒を注ぎ、包帯をして、自分のろばに乗せ、宿屋に連れて行って介抱《かいほう》した。そして、翌日になると、デナリオン銀貨二枚を取り出し、宿屋の主人に渡して言った。『この人を介抱してください。費用がもっとかかったら、帰りがけに払います。』さて、あなたはこの三人の中で、だれが追いはぎに襲われた人の隣人になったと思うか。」律法の専門家は言った。「その人を助けた人です。」そこで、イエスは言われた。「行って、あなたも同じようにしなさい。」

（ルカによる福音書10章30～37節）

恐れを超える生き方

かつてテレビ番組で、倒れている人がいても誰も助けようとしない、中国の町中の様子が放映されていました。中国での取材者が「どうして助けないのか」と問うと、助けるとかえって被害が及ぶというのです。助けた人が、この人に襲われましたと嘘をつくこともあるそうで、うっかり助けてしまうと加害者にされてしまうことがあると聞き、びっくりしました。困っている人に力添えをすることで、加害者にでっちあげられてしまうということは、日本で生活していて今まで考えたことはありませんが、関わってしまうことで煩わしいことに巻き込まれる可能性はないとは言えないのが現代ではないでしょうか。これは中国だけの問題ではなく、日本においても「見て見ないふりをする」姿がふえているのではないでしょうか。他者と関わると、自分にとばっちりがくる可能性があるからです。かりにいのちをかけて助けたり、苦労して力添えをしても、必ずしも心のこもった感謝の気持ちが相手から返ってくるとは限りません。

ある律法の専門家が、イエスに問いました。「隣人を自分のように愛しなさい」（ルカ10章27節）という掟における「隣人」とは誰のことかと。それに対し、イエスは「善いサマリア人」と呼ばれるたとえ話をもって答えられました。それが冒頭の聖書の言葉です。

ある人が強盗に襲われ、傷を負い、半殺しになっている状態で倒れていたというのです。そこをたまたま通りかかった祭司も後にやって来たレビ人も、見て見ぬふりをして、通り過ぎていきました。早く手当てをしないと、いのちにかかわる状況であることはわかったはずです。しかし、近寄ろうともせずに通り過ぎました。どんな理由であったにせよ、関わる気がなかったのです。

こうした状況にもかかわらず見て見ぬふりをして通り過ぎる理由はなんでしょうか。まず考えられるのは、関わることへの恐れです。この人に関わると自分も襲われるかもしれないと思ってみたり、この人が誰なのかがわからないので、近寄ると面倒なことに巻き込まれるかもしれないと思い、見てみないふりをするのかもしれません。

私たちは一人では生きられません。ですから誰かと関わり親しくしたいと思う一方で、出会いを持つことに恐れを感じることがあります。大学の講義の後、ある学生が夏休みのボランティアの話をしにやって来ました。知的障害を持つ子どもたちのキャンプに同行するボランティアということで、先日、その説明会で子どもたちとの顔合わせがあったというのです。子どもが好きな学生でしたが、知的障害を持つ子どもたちとは初めての出会いで、思うように交流できず、彼女は関わることの難しさと恐れを感じたそうです。私はその学生に、「どうするの？　やめてもいいのよ」と言うと、彼女はにこっと笑って、覚悟を決めたように「キャンプに行ってきます」と答えました。

恐れを感じたとき、恐れに巻かれる生き方と恐れを超える生き方とがあります。サマリア人は恐れを超えて、自ら出会いを作ったのです。

✣誰の隣人になったか

見て見ぬふりをして通り過ぎてしまう二つ目の理由は、関わる時間がないということです。瀕死の状態で倒れているこの人をなんとかしなければという思いを、祭司もレビ人も一瞬持った可能性はあります。しかし何か急ぐ用事があったのかもしれません。

私たちは誰かが自分を必要としていることをうすうす感じながら、時間がないという理由で通り過ぎていることはないでしょうか。親の話、子どもの話、伴侶の話から逃げずに、きちんと聴けていますか。職場で向き合うべき人から逃げてはいないでしょうか。もちろん本当に忙しくて、立ち止まる時間がないということもあるでしょう。しかし、時間があるから立ち止まるのではなく、立ち止まる必要があるから時間を作ってでも立ち止まるべきなのです。

サマリア人は、倒れている人を見て憐れに思い、近寄って最善の手当てをする努力をしました。今、自分がなしうる最高の関わりができるように、自分の知識や経験、財産を惜しげもなく使い、さらに思いやりと時間をプラスして、襲われた人の隣人となりました。つまり、「誰が私の隣人か」という問いに対して、イエスはこのたとえ話を通して、「誰を私の隣人とするか」ということとを説明されています。

「隣人」とは、ご近所の人、家の隣の人という意味ではなく、共に支え合って生きていく仲間といったらいいでしょうか。誰が私の隣人なのかと、人を選り好みする高慢な態度で生きるのではなく、自分の方から近寄り、関わるとき、その相手はすでに私にとって隣人になっているということです。

「善いサマリア人のたとえ」は、「イエスの行為の記録」とも言われています。このサマリア人の姿がイエスの生き方にたとえられているのです。

たとえ話の中に出てくる襲われた人はユダヤ人で、助けた人はサマリア人でした。サマリア人は混血の外国人なので、当時ユダヤ人の隣人規定に含まれていませんでした。ですからユダヤ人はサマリア人を敵視していました。そして、祭司やレビ人というユダヤ教聖職者に見捨てられたこのユダヤ人は、皮肉にもサマリア人に助けられるという物語になっています。そしてこのサマリア人は、襲われたユダヤ人の隣人となりました。本来ならユダヤ人である宿屋の主人こそ隣人であるはずなのに、決して押しつけず、帰りがけに寄ることを約束して、自分の隣人として扱い通したのです。

イエスの生き方がここにあります。誰を自分の隣人とするかに垣根はないということ。隣人になれるかどうかは自分次第なのです。

イエスは言われました。

「行って、あなたも同じようにしなさい」

このサマリア人のように、自らすすんで隣人となりなさいという勧めは、できそうだったらしてくださいというものではなく、私たちへの使命を呼びかける言葉です。立ち止まる勇気、通り過ぎるのではなく近寄る勇気を願い祈り求めて、サマリア人の姿の中にあるイエスの生き方に、日々ならうことです。

「隣人を自分のように愛しなさい」

これはキリスト者にとっての使命です。

人生を戦い抜く

わたしは、戦いを立派に戦い抜き、決められた道を走りとおし、信仰を守り抜きました。

わたし自身は、既にいけにえとして献げられています。世を去る時が近づきました。わたしは、戦いを立派に戦い抜き、決められた道を走りとおし、信仰を守り抜きました。今や、義の栄冠を受けるばかりです。正しい審判者である主が、かの日にそれをわたしに授けてくださるのです。しかし、わたしだけでなく、主が来られるのをひたすら待ち望む人には、だれにでも授けてくださいます。

（テモテへの手紙二 4章6～8節）

◇人生のゴールを意識した生き方

人生の終え方にはいろいろあります。人生で得たかったのに得られなかったことを悔しく思ってか、不満ばかりを口にされたり、他者への怒りや憎しみで心の中が一杯の人もいます。ホスピスの患者さんに、ご自分の人生の満足度をお聞きしてみると、一〇〇点満点のうち五〇点とか四〇点と答えられる人が案外多いのです。ご自分の人生に対して十分満足されていない人がかなりいるということです。

近年、「終活」という言葉をよく耳にするようになりました。人生最後の旅立ちに備えて準備をすることですが、旅立ちに対する考え方は人それぞれです。死を考えないようにして生きている人もいます。たとえ死に至る病いを患っていても、自分の人生の終わりをできるだけ考えないようにする生き方もあります。また、自分の人生は終わるんだと思うことはあっても、それ以上心の葛藤を持たないように、深く考えることをやめて、流されるように生きることもできます。

一方で、自分の死を悟り、人生を振り返って満足した人生だったと口にできる人もいます。七〇代の女性の患者さんは、旅立つ一〇日前に「十分に生きました」と納得した表情で言われました。八〇歳や九〇歳まで生きたわけではありませんから、長生きをした意味の「十分」ではなく、その方なりに「十分」生きられたという意味かもしれません。少なくとも私には、「自分なりに納得した意味のある生き方ができた」と言っておられるように聞こえました。

冒頭の手紙を書いた使徒パウロは、自分の死が近いことを悟っていました。それは殉教を意味していました。パウロは今までの歩みを振り返ってみてこう断言することができました。「わたしは、戦いを立派に戦い抜き、決められた道を走りとおし、信仰を守り抜きました」。パウロの人生は行きあたりばったりの感情に流されたものではなく、信仰という土台が揺るがなかった人生でした。

パウロにとって人生は戦いでした。もちろん世の中の競争に勝つという意味の戦いではありません。人の目はごまかしえても、すべてを見ておられる神様の前で生きるとき、うわべだけの生き方では満足できず、心に葛藤や痛みを持つようになります。パウロは、心から神様を信じ、神様の望まれる生き方に変えられてから、キリストの兵士としてさまざまな困難と戦って生きてきました。そして、その戦いを立派に戦い抜けたのは、自分の強さや努力によってではなく、神様が戦い抜けるように、すべての武具を用意し、強くなれるように力を与えてくださったからであると知っていました。神様の目の前で、正しい良心と信仰を保って生きるとき、霊的戦いに出ることになります。そのとき、戦い抜く強さ、忍耐、知恵、心の平安は、神様が備えていてくださいます。

「決められた道を走りとおし」とパウロは言っています。神様は一人一人に対して、その人の人生のコースを定めておられます。パウロは、自らの定められたコースを、完全に走り終え、なすべきことをすべてなし終え、自分の使命を果たすことができたと言い切ることができました。こんな風に言えるのは、どんなに大きな満足感と喜びと感謝の思いが心にあったことでしょう。自分の死が迫っているにもかかわらず、持てる喜びがあるのです。それは自分の人生の意味をしっかりと理解し、目標を目指して走る生き方から生まれてくるものなのです。そして「私の人生」とは「私」だけの力で織りなされているわけではなく、神様の助けがあってここまでやってくることができたと思うとき、旅立ちの悲しみよりも感謝の心が生まれることでしょう。

パウロは「信仰を守り抜きました」と断言しています。ここで言う「守る」には「見張る」の意味があり、注意深く守り続けてきたことを意味しています。つまり、パウロは信仰を守り抜くために、注意深く生き、かなりの努力をしたのです。信仰を持つことで自己満足するのではなく、さらにそれを守り抜く努力をする生き方が必要です。

ごほうびとしての冠

さらにパウロは「今や、義の栄冠を受けるばかりです」と言っています。「受けるばかりです」という言い方は、なすべきことを全部なし終えて残っているものを表現しています。生き切った姿です。

パウロはコリントの信徒への手紙一9章24〜27節では、走り切る人生について次のように述べています。

「あなたがたは知らないのですか。競技場で走る者は皆走るけれども、賞を受けるのは一人だけです。あなたがたも賞を得るように走りなさい。競技をする人は皆、すべてに節制します。彼らは朽ちる冠を得るためにそうするのですが、わたしたちは、朽ちない冠を得るために節制するのです。だから、わたしとしては、やみくもに走ったりしないし、空《くう》を打つような拳闘もしません。むしろ、自分の体を打ちたたいて服従させます。それは、他の人々に宣教しておきながら、自分の方が失格者になってしまわないためです」

パウロの時代、マラソン競技の一等には、月桂樹、オリーブや松の花輪が贈られました。パウロは「義の栄冠」を受けることを希望としていました。つまり競技に参加することと勝利を得ることとは同じではありません。競技に出た以上、賞を受けられるように走りなさいとパウロは勧めています。そのためには、賞を得るという人生の目標を明確に理解しておかなければなりません。その目標に向かって、迷うことなく真っすぐに歩む生き方をパウロは示しています。

「自分の体を打ちたたいて服従させよう」という言い方で、信仰を持つことで安心し切り自己満足におちいらないようにと注意を促す思いを込めています。神様の助けと導きにしっかりと応えて、与えられた自分の人生を戦い続けることが大切だということです。これは「自制すること」を勧めているのです。パウロの時代は枯れてしまう冠でした。しかしその冠のためですら、選手たちは食べ物や飲み物をはじめ、あらゆる自制をし、勝利のための準備をしました。パウロの言う「義の栄冠」は枯れてしまわない朽ちない冠、「しぼむことのない栄冠」（ペトロの手紙一5章4節）です。「義の栄冠」とは、義のわざに対するごほうびとしての冠です。神様の目から見た正しい歩みができたことに対する報いで与えられるものです。パウロは「正しい審判者である主が、かの日にそれをわたしに授けてくださるのです」と確信を持って言いました。つまり、イエスの再臨のとき栄冠は与えられます。パウロはもうそれは私のために用意をされていると、暗示するかのような言い方になっています。そして、「義の栄冠」はパウロだけのものではなく、同じように信仰を守り通し立派に戦い抜いた、神様に忠実なキリスト者にも与えられるものであるということです。

パウロの人生は苦難に満ちたものでしたが、自分の人生に満足をし、こう語っています。

「わたしは、自分の置かれた境遇に満足することを習い覚えたのです。貧しく暮らすすべも、豊かに暮らすすべも知っています。満腹していても、空腹であっても、物が有り余っていても不足していても、いついかなる場合にも対処する秘訣を授かっています。わたしを強めてくださる方のお陰で、わたしにはすべてが可能です」（フィリピの信徒への手紙4章11〜13節）

人生の終わりは、誰にも必ずやってきます。そのとき、自分の人生を立派に戦い抜いたとパウロのように満足感を持って言える生き方を始めておかなければなりません。そのためには自分の死から目をそむけないで、人生のゴールを意識して生きることです。苦労のない人生はありませんから、パウロのように苦労から学べるものを学びとり、苦労を不満とするのではなく、苦労の経験を通して神様の助けを得て、神様と共に生きることを深める道もあります。そして苦労を一つも無駄にせず、ゴールを目指して走り切るならば、そこにはごほうびが待っているのです。

七〇代の女性の患者さんは、このごほうびをいただける日を、ホスピスで待っておられました。かつてはファッション界で活躍をし、いろんな賞をもらってきたことをお話ししてくださいました。競争の世界でトップを目指す生き方は、絶えず競争相手を意識し、勝ち負けの結果がすべてであったと言われました。そのために、作品作りにおいて体を痛めるぐらい無理をして努力をしたというのです。ときには勝つために、ズルくも意地悪にもなったそうです。そこまでして、たった一人しか手に入れられない賞を得たことは、自分の誇りであると語られました。

彼女は三〇代に受洗をし、キリスト教の信仰を持っておられました。華々《はなばな》しくご活躍の時期は、多忙のため教会の礼拝に行くことができませんでしたが、聖書はよく読んでおられたとのことでした。パウロの戦う生き方が好きで、「義の栄冠」は、彼女の人生の最終目標になっていました。

彼女はこう言われました。

「人生を終えた後に、ごほうびがあるって、すてきじゃないかしら。わくわくするわね。義の栄冠は、一人だけに与えられる賞とは違うでしょ。他者との競争で勝ちとるものではなく、自分自身との戦いで得るものだから、もっと値打ちがあって、奥が深いのよ。神様を信じて生きた生き方が問われるのですものね。残りの日々を大切に過ごしながら、私は今、最上のごほうびをいただけるように、心の準備をし、その日を楽しみにしているのです」

自分なりに自分の人生に満足し、意味ある生き方ができたのではないかと思って自分の死を受けとめること、これが一番の平安な死かもしれません。

願いは使命のはじまり

何事も、不平や理屈を言わずに行いなさい。

あなたがたの内に働いて、御心のままに望ませ、行わせておられるのは神であるからです。何事も、不平や理屈を言わずに行いなさい。

（フィリピの信徒への手紙2章13〜14節）

心の援助への気づき

私は高校一年生のときに、将来の自分の職業を「薬剤師」と決めました。家族に医療者はおりませんでしたが、医療現場へのあこがれと、やりがい感を持てる仕事に就きたいという思いと自分の適性を考えて選んだ道でした。そして大学の薬学部に進みました。

就職を考える時期になった頃、就職担当の先生から将来進みたい就職先を三つ書きなさいと言われました。友人たちは、第一希望・病院、第二希望・調剤薬局、第三希望・製薬会社というように異なる分野の希望を出しました。しかし私は三つとも「病院」と書いたのです。後日、先生から三つの異なる就職先を書きなさいと再提出をうながされましたが、そのときもやはり三つとも「病院」と書きました。当時の私は、病院勤務の薬剤師になることしか関心がなかったのです。あきれた先生は、就職先は自分で探しなさいと言われました。今考えても、病院勤務へのこだわりはあの頃から変わりません。

というわけで、就職先は自分で見つけなければならなくなりました。ある日、新聞にはさまれていた一枚の求人広告が目にとまりました。ある病院が新しい病棟をつくるにあたって薬剤師を募集していたのです。新卒でもよいということで、詳細を聞くために早速電話をしてみると、電話に出た相手は、私の住む町は病院から遠いのでチラシは入っていないはずだと言います。しかし私の手元に確かにチラシがあることを伝えると、病院の方は不思議に思ったようですが、とりあえず面接に来てくださいと言われ、面接に行きました。しかし、通勤には遠すぎるうえに、ここで働きたいという魅力を感じませんでした。帰りながら二度とここに来ることはないだろうと思いました。ところが、その後就職活動を続けている最中、この病院から何度か電話があり、ありがたいことに就職のお誘いをいただくようになりました。誘いを受けているうちに心が動き、そこで仕事をするようになりました。

その病院は高齢者のための病棟を新しく開設したところで、私は二年目から服薬指導でその病棟にも行くようになりました。ある日の午後、六人部屋の女性の患者さん方のところへ服薬指導にうかがっていたとき、太鼓の音とお神輿《みこし》をかつぐ威勢のいいかけ声が聞こえてきたのです。やがてその一団が病室の外の道を通り過ぎようとしたとき、六人の患者さんがむっくりと起き上がり、手を合わせて拝むような姿勢をとりました。六人揃って拝む姿は私に大きな印象を残しました。そこで患者さんのお一人に「何をされていたのですか」と聞いてみました。するとその方はこう言ったのです。「早くお迎えが来ますようにと拝んでいました。もう病気が良くなるわけではないし、中途半端な姿で生きるくらいだったら死んだほうがまし。生きていてもみんなに迷惑をかけるだけです」。

その日、他の患者さん方も同じようなことを言い出され、最後に一人の患者さんが大切なことを教えくださいました。

「人には心というものがあって、その心に喜びや楽しみや希望というものがなければ、人は生き生きと自分らしく生きることができないのよ」と。

当時私は薬剤師として、医療チームの中で患者さんのお体の回復のため、現状維持のためにお役に立っているはずだという誇りを持って仕事をしていました。医療的な知識が増えていくのが楽しく、薬のことならなんでも的確に答えられる薬剤師になりたいと思い、日々生き生きと仕事に励んでいました。その一方で、恥ずかしいことですが、病める方々がどんな思いで入院生活を送っておられるのかを考えたり想像したりしたことはありませんでした。ですから、先ほどの患者さんの言葉が衝撃的だったのです。まるで「病気を治療してもらったり、体へのケアだけでは不十分です。心のケアも必要です。心に喜びや楽しみや希望がないと、人は自分らしく輝いて生きることができません。今私たちには、その喜びや希望がないのです」と言われているように感じました。その日以来、私は「心のケア」「心への援助」について考えめぐらせるようになりました。

◈病院チャプレンとの出会い

私は大学四年生の一二月に洗礼を受け、クリスチャンとして社会に出ました。まだ信仰は幼くとも、クリスチャンとして信仰的に成長したいという思いを強く持っていました。クリスチャンの私にとって、心への援助とは「神様に生かされていることに気づけるよう援助すること」ではないだろうかと思うようになりました。人は生きているのではなく、生かされている存在であること、そして生かしてくださっている神様を知ってこそそこに喜びと希望が持てる生き方があると考えるようになり、宗教的な援助への関心が日ごとに増していきました。同時に、病める方が何を考えて生活されているのかという関心も強くなり、ナースに患者さんの思いを尋ねたり、服薬指導で病室にうかがった際に、薬の話だけでなく、その方の思いや人生の話にも耳を傾けるようになりました。

そんな思いを持つようになって約一年後、聖書についてもっときちんと学んで、患者さんや家族の方と信仰や神様の話を上手に分かち合えるようになりたいと考えるようになり、病院を辞めて一年コースの聖書学院に入学しました。一年のブランクならまた病院に戻れるという思いがあったのです。このときは薬剤師をやめるつもりはありませんでした。

聖書学院で学んでいた年の夏休み、私は希望して二カ月間、キリスト教主義の病院に研修に行きました。聖書学院の先生に将来の進路について相談したところ、チャプレン（施設で宗教的援助をする人。キリスト教の牧師・神父や訓練を受けた信徒が施設で宗教的援助を担当することを意味する）のもとで研修を受けることを提案してくださり、行くことにしたのです。研修に行った病院ではじめて、「チャプレン」という職種の人に出会いました。二カ月間、病院チャプレンの働きを間近に見るうちに、この職種に惹かれるようになっていきました。そして研修が終わる頃には、将来病院チャプレンになりたいと思うようになっていました。

夏休みが終わり学校の寮に戻った私は、将来の進路に悩むことになります。周りは私が転職することに反対でした。というのも、薬剤師は仕事の内容が明確で、国家資格として社会的立場も確立し、お給料も良いほうですが、病院チャプレンという職業は、就職先は当時はキリスト教主義の病院のみで、知名度も低く、何をするのかほとんど知られていない職業でした。ですから周りが心配して反対するのも当然ですが、私はチャプレンへの思いが断ち切れませんでした。薬剤師という仕事にやりがいを感じていましたし、自分に合っているとも思っていました。薬剤師をやめることに寂しさと迷いもありました。薬剤師のままでいいじゃないかと何度も思っていたとき、聖書のある言葉が心に深く響いたのです。

「あなたがたの内に働いて、御心のままに望ませ、行わせておられるのは神であるからです」(フィリピの信徒への手紙2章13節)

心に強い願いがあるとき、それは神様が与えてくださった願いである可能性があるという意味です。病院チャプレンになりたいという私の願いは、神様が私に与えてくださった願いなのだとそのとき悟りました。

「何事も、不平や理屈を言わずに行いなさい」(同2章14節)

こうして、聖書の言葉に励まされ、私は神様が与えてくださった使命の道を確信を持って進みました。病院チャプレンになったのです。

あれから三五年以上が経ちました。病院チャプレンにもいろいろな苦労がありますが、この道を選んだことを後悔したことはありません。なぜならば、神様がくださった道、神様がくださった望みだったと今でも思っているからです。

心の内に生じる願いや望みが、時間がたっても変わらなければ、それは神様の望みであり、あなたの使命の道かもしれません。

3

人生を照らす光

わたしたちの一時《いっとき》の軽い艱難《かんなん》は、比べものにならないほど重みのある永遠の栄光をもたらしてくれます。

だから、わたしたちは落胆しません。たとえわたしたちの「外なる人」は衰えていくとしても、わたしたちの「内なる人」は日々新たにされていきます。わたしたちの一時の軽い艱難は、比べものにならないほど重みのある永遠の栄光をもたらしてくれます。わたしたちは見えるものではなく、見えないものに目を注ぎます。見えるものは過ぎ去りますが、見えないものは永遠に存続するからです。

（コリントの信徒への手紙二4章16〜18節）

日々新たにされる生き方

高齢の母が、老いていく自分の姿を嘆くことがあります。顔のしわは増え、耳が聞こえにくくなってきていることを気にして寂しそうに言うのです。確かに私たちは老いていきます。「外なる人」つまり肉体は日々衰えていきます。たとえ整形手術をして外見をとりつくろっても、私たちの体は若返ることはありません。死ぬべき肉体であるからです。しかし、使徒パウロはここで「内なる人」は日々新たにされていますと語っています。パウロは日々衰えていくだけでなく、日々新たにされる生き方があることを教えています。そして「外なる人」と「内なる人」とを対照的に描いています。

「外なる人」のキーワードは、『衰え』『一時の軽い艱難』『見えるもの』『過ぎ去る』です。「内なる人」のキーワードは『日々新たにされる』『比べものにならないほど重みのある永遠の栄光』『見えないもの』『永遠に存続する』です。

パウロが言う外なる人、つまり肉体的な力はだんだんと衰えていくが、内なる人である魂はどんどん成長できる可能性があるということです。体が弱っていく中で、魂は成長し、衰弱の苦しみがかえって魂を強めることすらあります。

ホスピスの患者さんと関わっていて、体力的には日々弱り、病気が少しずつ進行していくのを感じることがありますが、そんなときこそ内面的な成長を深めているように見えます。死を間近にした方が、大切なことを悟り分かち合ってくださるとき、その成長に驚かされます。人生を終える間際になってどう生きていればよかったかがやっとわかったと、今まで自分の人生について考えたこともない方が言い出されます。

ですからパウロはここで、肉体的な美を日々失うことがあっても、内面的な美を増し加えて生きることができると言いたいのです。肉体的には私たちは死に向かって歩んでいます。それは坂道を少しずつ下っていくような姿です。しかし内面の魂の成長から考えると、天の目標に向かって私たちは山を登っていくのです。

目に見えないものを見る

さて、パウロはこの世では苦労があることについて述べています。キリスト者はキリストのために苦しむことがあるということですが、それで終わってしまうのではなく、比べものにならないほど重みのある永遠の栄光を与えようと、神様は約束してくださっているということです。パウロはこの世での苦労を「一時の軽い艱難」と表現しましたが、これは後にいただく「重みのある永遠の栄光」に対して、「軽い」という言い方になるのでしょう。しかし、この世の苦しみは決して軽くないことを自ら体験して知っている人でした。そして、その苦しみを必ず乗り越えて、神の栄光にあずかれると信じて生きた人です。ですからパウロは次のように言うことができました。

「わたしたちは、四方から苦しめられても行き詰まらず、途方に暮れても失望せず、虐げられても見捨てられず、打ち倒されても滅ぼされない」（コリント二4章8～9節）

老いていく私たち。しかし、天の目標に向かって生きるとは、見えるものではなく、見えないものに目を注ぐことであるとパウロは語っています。見えるものというのは、どんなに目を引くようなものでも一時的です。この世のものには、必ず終わりがあるからです。

しかし、天に属するものは見えないものであって、いつまでも続くのです。ですから、キリスト者は永遠の確かさを心の拠り所にして生きなければなりません。

かつて勤務した病院に、清掃会社から派遣されて掃除の仕事に就いていたおばさんがいました。彼女は愛想がよく、私たちはすぐに親しくなりました。掃除で病院内を走り回り、患者さんやご家族、スタッフの細かい要望に嫌な顔ひとつせずに対応していました。もちろん不当な要求に耐えることも多かったのです。ある日、彼女に聞いてみました。

「今の仕事、つらくないですか。どうして毎日笑顔でお仕事ができるのですか」

すると彼女はこう答えました。

「私はクリスチャンなんです。神様を信じて生きています。私にとって働くことは、天国に向かって生きること。だから仕事がいやになることはありません」

そう言い切った彼女の目は、目に見えないものを見ているように感じました。

自分の人生は、天に向かって進んでいるのだということを知っている人は、見えないものに目を注ぎ、落胆しないで生きることができます。つまり目指すものを持っている人は忍耐ができるのではないでしょうか。

正しい人の祈りは、大きな力があり、効果をもたらします。

信仰に基づく祈りは、病人を救い、主がその人を起き上がらせてくださいます。その人が罪を犯したのであれば、主が赦してくださいます。だから、主にいやしていただくために、罪を告白し合い、互いのために祈りなさい。正しい人の祈りは、大きな力があり、効果をもたらします。

（ヤコブの手紙5章15〜16節）

❖誰に向かって祈るのか

日本人にとって「宗教」とはなんでしょうか。「あなたの宗教は何ですか」と問うと、一人のホスピスの患者さんは、妻にこう問いかけました。「おやじの葬儀は、なんの宗教でしたんだっけ」。このように宗教は何かと聞くと、多くの人が「家の宗教」を答えられます。それは代々続いてきた宗教ではありますが、宗教的教育を受けてきた経験はほとんどありませんし、葬儀のための宗教になっているように感じます。

それでは、日本人に「宗教心」はあるのでしょうか。医学の力ではもう治らないとわかった患者さんの中には、「苦しいときの神頼み」をされている方がいます。人間を超えた力のある方に手を合わせようとするのです。問題は、誰に向かって手を合わせ、祈るのかということです。日本人にとっては、手を合わせ祈る相手は人それぞれです。ある患者さんは毎日、山が見える場所までやってきて手を合わせていました。その山の裏側にご主人のお墓があるそうで、夫に向かって祈っているということでした。雨上がりに美しく見えた虹に向かって手を合わせた患者さんもいました。また毎日拝んでいるという患者さんは、「誰に拝んでいいのかわからないから、皆々様の神々に拝んでいるよ」との返答でした。多くの神様に拝んでいると、効果が増大するかもしれない、ひょっとしたら気がきく神様にヒットするかもしれないというのです。宗教心はあるのですが、信仰心はまだ育っていない姿です。祈っている相手を知って、信頼して祈ることができるとき、それは信仰になります。

キリスト教では、祈りとは唯一の神様との絶えざる交わりを意味しています。祈る相手である神様を知り得て、信じて祈るのであり、祈りはキリスト者の特権とも言えます。苦しんでいるとき、自分の悲運を人に訴えたりするよりも、キリスト者は神様に祈ることで訴えることができます。イエスの生涯も、祈りに貫かれていました。祈りこそ、キリスト者の生き方の中心です。

さて、ヤコブは「信仰に基づく祈りは、病人を救い、主がその人を起き上がらせてくださいます」と語っています。ここで言う「病人」とは「弱っている人」を意味しています。死と向き合っている重病人のことではありません。病気になったとき、医師の治療を受けたり、薬を服用したりします。キリスト者も最善の治療を受け、回復を願いますが、手術や治療や薬に効果を与えるのは、祈りに答えられる神様であるということです。ヤコブは、力があるのは、信仰による祈りであることを知っていました。

病気のとき、私たちの祈りに応えて、神様が回復させてくださり、自分の足で立ち上がらせてくださるという約束は、私たちの希望です。

祈りの原点

また、信仰に基づく祈りによって、罪も赦されるというのです。ヤコブは、罪を告白し合いなさいとここで語っていますが、キリスト者に公の場所で罪を告白することや、誰かに告白を聞いてもらいなさいと勧めているのではありません。信仰による祈りによって神様から大きな力を引き出すことができるので、キリスト者は互いに絶えず祈り合うべきであると言っているのです。とくに病気のときは、自分の後悔や反省、過ちを神様の前に告白し、互いに祈り合う大切なときです。

自分の過ちを告白することで、神様と自分との関係が回復するとともに、人との関係に癒しが働き、体の回復だけでなく、霊的な癒しへと導かれるということです。

病気によっては、薬だけでは治らないものがあります。病める人の心の持ち方、あり方が病気を作っていることもあります。自分の生き方、他者との関わり方から自分を見つめ、神様と他者との関係の回復があってこそはじめて癒されるということがあります。

「体の回復」と「霊的な癒し」に導くのが、信仰に基づく祈りですが、正しい人の祈りは、大きな力があって、効果をもたらすとヤコブは語っています。

「正しい人」とは「義人」のことであり、道徳的に完全な人ということではなく、神様と人との前において、自分の罪の清算をして、癒された関係を持っている人、正しい関係を回復している人ということです。

正しい人が祈ると、効果がより大きく出るとするならば、病いのある人も援助をする人も、自らの罪を清算し、神様と他者との関係を回復する努力をまず目指さなければなりません。

イエスは、十字架刑を前にして、「この杯をわたしから取りのけてください」と祈り、最後にこう祈られました。「しかし、わたしが願うことではなく、御心に適うことが行われますように」（マルコによる福音書14章36節）。

この謙虚な姿が祈りの原点です。するとやがて、何を求めるべきかが心の中に示されていきます。示されたものを信じ求めて祈るのです。

正しい人の祈りは、神様に聞かれる祈りであり、効果をもたらすのは、祈りに応える神様のなせるわざです。

永遠のいのち

わたしを信じる者は、死んでも生きる。

イエスは言われた。「わたしは復活であり、命である。わたしを信じる者は、死んでも生きる。生きていてわたしを信じる者はだれも、決して死ぬことはない。このことを信じるか。

（ヨハネによる福音書11章25〜26節）

◈「寂しさ」の中身

自分の死が迫ってきているのを体で感じるようになると、ホスピスの患者さんは「寂しい」と言われるようになります。入院当初の頃は、「見舞客が多いと煩《わずら》わしいな」と言ったり、「一人で静かな時間が持てるほうがありがたい」と言ったりしていた方が、旅立ちが近づくと「たびたび顔を見せてください」と人恋しそうに言われることがあります。また、奥様に「毎日来るのは大変だから、一日おきでいいよ」と言っていた方が、病気が進行すると、もう帰るのかと引きとめられるようになったり、早く見舞いに来てほしいと催促の電話をかけたりすることもあります。

ある男性の患者さんは、見舞いに来る奥様に無理を言うことはありませんでした。しかしある日、奥様がいつものように家に帰る支度をし、「じゃあなた、明日も一時に来ますからね。何か買ってきてほしい物はあるかしら」と尋ねたとき、「今日は泊まっていってくれないかな」と初めて懇願するような言葉を口にされました。こんなとき私は、可能なら病める方のご希望にそってくださいとご家族に伝えてきました。旅立つ前の寂しさに寄りそうこと、おそらくこれが家族からの最後のプレゼントになるかもしれないからです。

「寂しい」とは何が寂しいのでしょうか。一人で死んでいく寂しさ、つまり自分だけがこの世から消える寂しさでしょうか。家族や友人たちはそのまま生き続けるのに自分だけがそこにいないと想像することは、凍りつくほど怖く寂しいと言った患者さんがいました。

自分だけがこの世から消える、確かに姿を見ることはできなくなります。霊的能力がない多くの凡人は、死んでしまった人の声を聞いたり、お話をしたりすることはできませんから、死んだらその人は消えてしまったような気持ちになります。

死んだらどうなるのかというのはホスピスの患者さんとの会話でたびたび話題になります。死んだら無になるだけ。すべてが消えると思うと寂しい。そう考える人もいますが、多くの方は死んだらすべてが終わりと考えたくないという思いを持っています。

永遠のいのちで生きる

イエスはベタニア出身のマルタ、マリア、そしてラザロという兄弟姉妹たちと親しくされていました。ラザロが重い病気にかかり、マルタとマリアは使いを送って、イエスにラザロの病いのことを伝えました。マルタとマリアは、イエスがすぐに飛んで来てくれると思って待っていましたが、イエスが到着したのはラザロが死んで墓に葬られて四日もたったときでした。マルタは、イエスが来られたと聞いて迎えに行きました。そしてイエスに出会うなり、心に思いつめていたことを口にしたのです。

「主よ、もしここにいてくださいましたら、わたしの兄弟は死ななかったでしょうに」

もっと早く来てほしかったという無念の思いでマルタの心は一杯だったことでしょう。なおもマルタはイエスを信頼して言葉を続けました。

「あなたが神にお願いになることは何でも神はかなえてくださると、わたしは今でも承知しています」

するとイエスは、「あなたの兄弟は復活する」と言われました。マルタは復活と聞いて、それはまだまだ先の世の終わりの日に信じる者が復活することだと思いました。それは目の前のラザロの死の悲しみを思うと、あまり大きな慰めにならなかったかもしれません。マルタの「終わりの日の復活の時に復活することは存じております」という言葉を受けて、イエスはマルタがラザロが復活することをそのまま信じることができないでいると感じて、こう言われました。

「わたしは復活であり、命である。わたしを信じる者は、死んでも生きる。生きていてわたしを信じる者はだれも、決して死ぬことはない。このことを信じるか」

次にイエスはマリアを呼びました。マリアもイエスに会うとマルタ同様、「主よ、もしここにいてくださいましたら、わたしの兄弟は死ななかったでしょうに」と言って泣いたのです。大切な人を失った悲しみの涙をイエスは見ました。

イエスはラザロの墓に向かいました。墓は洞穴で石でふさがれていましたので、イエスはその石を取りのけなさいと言われました。マルタはそれを聞いてびっくりして言いました。「四日もたっていますから、もうにおいます」。もう腐敗しかけているそんな遺体を今さらながら見てどうするのよとマルタは思ったようです。イエスの言われた言葉を、まったく理解できていませんでした。

人々が石を取りのけると、イエスは天を仰いで父なる神に祈られました。イエスと御父とは一体であり、イエスを信じることは神を信じることであることを周りの人々に示そうとされる行為でした。

イエスは祈り終えると、「ラザロ、出て来なさい」と大声で叫ばれました。すると、死んでいたラザロが、手と足を布で巻かれたまま出て来たのです。ラザロは、イエスを信じる者が永遠のいのちを与えられる「しるし」として、死んでいたのに本当に復活したのです。

ラザロのように肉体の死はいつの日かやってきます。しかしなお生きるのです。イエスを信じる者にとって、肉体の死は決してすべての終わりではありません。死は永遠のいのちの始まりでもあります。

「死にたくない」と叫んでいる女性の患者さんがいました。死ぬのが怖い。まだ死にたくないと言われるのです。しかし体調は良くなく、旅立ちの日は迫っていました。「死にたくない」と叫んでいる人に、「あなたは決して死ぬことはありませんよ」と伝えてさし上げることができれば、きっとその人の心に、他のどのような言葉よりも届くことでしょう。私はその方の宗教的背景がよくわかりませんでしたが、このイエスの言葉を伝えてみました。じっと黙って聴いておられ、やがて「いい言葉やな」と穏やかな表情で言われました。さらにこの言葉を書いてきてほしいと言われ、紙に書いてお持ちすると、たびたび読んでおられました。「決して死ぬことはない」という この言葉が、その方の心の深いところに届いたようです。彼女はこの言葉の持つ真の意味について問うてくるようにもなり、キリスト教の教えについて関心を示し、素直に理解していきました。イエスを信じることによって、たとえ死ぬことがあってもなお永遠のいのちで生かされることを知って信じるようになってから、彼女は最後の日々、二度と「死にたくない」とは口にしなくなり、穏やかに過ごすことができました。

死んだらすべてが終わりではありません。この世から消えてしまうだけではありません。イエスが見せてくださったラザロの復活の奇跡、あのしるしのゆえに、イエスを信じる者は、永遠のいのちで生き続けることができます。

天国への切符

あなたは今日わたしと一緒に楽園にいる。

十字架にかけられていた犯罪人の一人が、イエスをののしった。「お前はメシアではないか。自分自身と我々を救ってみろ。」すると、もう一人の方がたしなめた。「お前は神をも恐れないのか、同じ刑罰を受けているのに。我々は、自分のやったことの報いを受けているのだから、当然だ。しかし、この方は何も悪いことをしていない。」そして、「イエスよ、あなたの御国《みくに》においでになるときには、わたしを思い出してください」と言った。するとイエスは、「はっきり言っておくが、あなたは今日わたしと一緒に楽園にいる」と言われた。

（ルカによる福音書23章39～43節）

✧死んだらどうなるのか

人は死んだらどうなるのか。時々ホスピスの患者さんから問われてきた質問の一つです。考え方は大きく分けて二つあります。一つは死んで無になり、それですべてが終わりになるという考え方です。もう一つは、死後の世界があるという考え方です。キリスト教では、死後の世界はあると考え、天国と地獄という正反対の行き先があると考えられてきました。

イエスがゴルゴダの丘で十字架にかけられたとき、二人の犯罪人も一緒に十字架にかけられました。イエスが真ん中で一人は右に一人は左に十字架につけられたのです。犯罪人の一人がイエスをののしったとき、もう一人の犯罪人がその人をいましめました。自分たちは犯罪を本当に犯してその報いを受けているのだから、十字架刑にかかっていることは当然のことだけれど、この方は何も悪いことをしていないのに、犯罪人として扱われていると言って、ののしったことを叱ったのです。十字架上での会話でした。

叱った犯罪人は、自分が十字架にかからなければならない罪を犯したことを認めています。そしてイエスに願いました。「あなたの御国においでになるときには、わたしを思い出してください」と。自分の犯したことを悔いて、しかもこの方こそ救い主であると確信しているがゆえの救いを求める言葉でした。

それに対してイエスは、「はっきり言っておく」と強調した言い方で、「あなたは今日わたしと一緒に楽園にいる」ときっぱりと約束されました。つまり死後、あなたはわたしと一緒に天国にいると約束してくださったのです。

ホスピスの患者さんの中には、元気なときにキリスト教会の礼拝やミサに通って求道していた経験のある方がいます。キリスト教の学びもし、洗礼を受ける十分な信仰を持っているにもかかわらず、洗礼を受けていない方もいます。理由を聞くと、洗礼を受けて信者になると教会員としての役目が煩わしいので、死ぬ直前に洗礼を受けたいと思っていたと言われ、ホスピスの病室で洗礼を受けられました。これを「天国泥棒」と呼んでいます。信者として教会生活を送ることは恵みであり、信者として成長していく過程には喜びや楽しさも一杯あります。ですから、信じたら死ぬ直前まで洗礼を待つ必要はありません。信者として、天国を目指して信仰を深めながら歩むに越したことはありません。

天国のイメージ

しかし、この犯罪人のように、死の直前に我が身の姿を悔い、イエスを救い主として心に受け入れ信じるとき、天国へ導かれるという約束は、ホスピスの患者さんにとって大きな希望となっています。死の直前まで天国行きの切符を手に入れるチャンスがあるということです。

ホスピスの六〇代後半の男性の患者さんが問うてきました。「天国と地獄の両方があるのでしょうか」と。私は「両方ありますよ」と答えると、その方はがっくりと肩を落とし、寂しそうな表情になりました。そしてこう言われました。

「私はずっとやんちゃをして生きてきました。母を泣かせ、妻を泣かせ、娘や息子にもたくさん迷惑をかけて生きてきました。友人を裏切ったり、意地悪な言動で多くの人を傷つけてもきました。誠実な生き方とはほど遠い、実にちゃらんぽらんな生き方でした。こんな私は天国に行けるでしょうか。そしてどうしたら天国に行けるのでしょう。今からでも遅くなければいいのですが」

その方は、今までの自分の生き方をとても悔いていました。そしてその悔いた心で天国への道を求めていたのです。私はこの三つの十字架の話をしました。すると彼には救いを求めた犯罪人の姿が自分と重なり、イエスの天国の約束が、輝く希望に思えたというのです。それからその方は、聖書の話に関心を持つようになり、旅立つ前に洗礼を受けました。「おそらく、たぶん、天国へ行けるでしょうではなく、必ず天国へ行けると信仰のゆえに確信が持てるようになって、心は平安です。死んですべてが終わってしまうのではなく、さらに行くべき安らぎの場があることを想像できることは、心の慰めです。おかげで死ぬことに寂しさや怖さを感じるよりも温かい優しい気持ちが持てるようになりました」とその方は思いを分かち合ってくださいました。

「天国」とは、国語辞典を見てみると、「この上なく楽しい、めぐまれたところ」と記されています。誰しもが、温かい、なごやかな嬉しいイメージを持ちます。

八〇代の女性の患者さんはこう言われました。

「人生で苦しい思いをたくさんして、苦労の絶えない人生でした。このまま死んで、はい終わりと切られるのでは切ない思いがします。頑張って生きてきただけに、ごほうびがほしいですよね。苦労した分だけ憩えるような、そんな安らぎに満ちた場が待っているかと思うと、死ぬことさえ、意味あるものになります。だから私は、天国があると思っているのです」

天国はどんな所なのか、聖書にはこう記されています。

「見よ、神の幕屋《まくや》が人の間にあって、神が人と共に住み、人は神の民となる。神は自ら人と共にいて、その神となり、彼らの目の涙をことごとくぬぐい取ってくださる。もはや死はなく、もはや悲しみも嘆きも労苦もない。最初のものは過ぎ去ったからである」（ヨハネの黙示録21章3〜4節）

神が共にいてくださり、もう悲しみも苦労もまったくない、なごみに満ちた場所です。

そして、天国は明るい場所です。

「この都には、それを照らす太陽も月も、必要でない。神の栄光が都を照らしており、小羊が都の明かりだからである」（ヨハネの黙示録21章23節）

天国では、小羊つまりイエスが明かりとなって、太陽も月も必要でないほどに光り輝いておられるというのです。ですから私は、死んだら光の方角に向かって歩んでいけば、天国に到着できると思っています。

死んだら無になると思ったら、死は永遠の別れということになります。しかし、天国という存在を想像することで、私たちは死後にも再会できる可能性を持つことができます。キリスト者は、天国での再会を確信しています。ひょっとしたら会えるかもしれないというあやふやなものではなく、必ず会えると信じています。死を前にして、見守ってくれている人たちと「天国でまた会おうね」と言葉を交わせることは、希望となっています。ですから、キリスト者にとって死は一時の別離であって、永遠の別れではありません。

天国での再会とは、もちろん先に旅立ってしまった家族や友人との再会が楽しみです。失った後、寂しい思いをしてきました。おばけでもいいから出てきてほしいと思ったこともあったでしょう。夢の中でもいいから、姿が見たい、声が聞きたいと思うこともあるでしょう。先に旅立った愛する方と再会ができる日が来ると想像できることは、希望です。再会ができる場、それは天国です。ですから、天国へ行けるように生きておかなければならないということでもあります。

キリスト者にとって、天国での一番の楽しみは、「イエス様」に直接お目にかかれることです。今まで実際に見ることなく信じてきました。その方と顔と顔を合わせてお会いできるのです。そしてこの世を生きている間に不可解に思えたことについて、すべてのことが明らかになるのです。この世で体験した悲しみや苦しみの意味について、イエス様にお聞きすることができ、すべてを明らかにしていただける日が来るということは、私たちにとって希望です。

「天国」という存在は、私たちにいろいろな形で希望を与えてくれています。私たちはその天国へ入れるように今を生きておかなければなりません。

温かい存在感

わたしは世の終わりまで、いつもあなたがたと共にいる。

わたしは天と地の一切の権能を授かっている。だから、あなたがたは行って、すべての民をわたしの弟子にしなさい。彼らに父と子と聖霊の名によって洗礼を授け、あなたがたに命じておいたことをすべて守るように教えなさい。わたしは世の終わりまで、いつもあなたがたと共にいる。

（マタイによる福音書28章18〜20節）

あなたは一人ではない

病院という世界で仕事をしてきて、患者さん方が見舞客を必ずしも歓迎していない姿をときおり見かけます。

「○○さんと言われる方がお見えになっておられますが、お通ししてよろしいですか」と、ホスピスではよく問うてきました。そんなとき、患者さんが嫌そうな表情をされたり、戸惑う姿をみることがあります。嬉しい見舞客ではなかったのだとこちらも察することになります。

見舞客が帰った後、その患者さんにお尋ねしてみました。

「あの見舞客の方は、おしゃべりで話が長いとか、何か意地悪なことを言われたりするとか、お好きでない何かがおありなんですか」

するとその患者さんは一言こう言われました。「あの人と一緒にいると、しんどいのよ」。

何かを語ったり、何かをすることで、相手に与えるものはもちろんあります。しかしただそばに一緒にいるだけでも、「存在感」からにじみ出るものがあり、それも相手に何かの影響を与える可能性があるということです。

存在感には大きく分けて二つあります。一つは、一緒にいると心がなごむ、励まされる、元気になれる、素直になれる、癒されると思われる存在感です。もう一つは、一緒にいると気をつかって疲れる、しんどい、腹が立つ、嫌な気持ちになる、息苦しくなると相手に感じさせる存在感です。昼食タイムに社員食堂や学生食堂に行ったとします。かなり混み合っていて座席がわずかしか空いていませんでした。そのとき私たちはどうするでしょうか。どの座席に座るかを選ぶとき、私たちは居心地の良い方を選ぼうとします。つまりそのテーブルを囲んでいる他の人は誰なのかを一瞬にして見て、嫌いな人がいる座席は絶対に選びません。しかし一緒にいたいと思える人、一緒にいると居心地がよく、楽しい気持ちになれる人の隣の席が空いているならば、すぐさまその席を目がけて体は動いていきます。食事のときはもちろん、私たちは心地よく過ごせる温かな存在感を求めて生きています。

イエスは「いつもあなたがたと共にいる」と言われました。その言葉を聞くとき、なぜか安心できる温かい気持ちになれるのです。一緒にいてもらって迷惑するというイメージを持つことはありません。それはイエスの存在感が私たちにとって温かいものだからです。

友人の一人が、ヨーロッパで仕事をしていました。会社の公用語はフランス語、友人は日本の会社から派遣され、苦労してフランス語を習得して仕事に就いていました。彼女に会いに行ったときのことです。彼女が職場の上司の家で行われるバーベキューパーティに招かれ、私もついて行きました。フランス語のまったくわからない私は彼女と一緒にいて来客との間を取り持ってもらっていましたが、やがて彼女は職場のスタッフと仕事の話をするために私から離れてしまいました。私は一人で行動しているうちに何とも言えない寂しさに襲われ、たくさんの人の中でしみじみと孤独感を味わいました。自分を気づかってくれない友人に腹も立ち、やりきれない思いでいたとき、離れた所に白いブランコが二つあるのが見えました。しかたなく誰もいないブランコに乗ってゆっくりと揺らしていると、寂しさがますます募り、涙がポロポロと落ちました。そのとき、隣のもう一つのブランコに誰かが座ったのです。最初は気づきませんでした。寂しさに打ちひしがれて自分の世界にこもってしまっていたからです。隣のブランコの人は私が泣いているのに気づき、心配してじっとこちらを見つめていました。その視線を感じて私はブランコを止め、ゆっくりと隣のブランコの方を見ました。

隣のブランコには五歳くらいの現地の女の子が座っていました。金髪で青い目をし、かわいいパーティドレスを着ています。じっと私の方を見て、「どうして泣いているの」と問われているように感じました。心配してくれている目でした。私たちはしばらくお互いにジロジロと様子をうかがっているうちに、目と目が合いました。その瞬間、彼女はすてきな笑顔を見せてくれたのです。にっこりと微笑んだ表情はお人形のように愛らしく、チャーミングでした。私はその輝くばかりの微笑みに思わずにっこりと微笑みを返したのです。彼女は嬉しかったのか、ブランコを大きく揺らして楽しそうにしているかと思うと、急に揺れを止めてこちらを見るのです。「だいじょうぶ?」と言っているかのように。私たちは互いに微笑み合うことを何回繰り返したでしょうか。そのうち、私の涙は止まりました。そして私は心の中で彼女に語りかけていました。「一緒にいてくれてありがとう」。

彼女と一緒にいるうちに、涙も止まり、気持ちも明るくなってきました。彼女の温かい存在感が私の心をなごませてくれたのです。私たちは互いに言葉を交わすことはありませんでしたが、私は彼女から一つのメッセージをもらったように感じました。

「あなたは一人ではありませんよ」と。

彼女が送ってくれたこのメッセージのおかげで、私はその場にいることを楽しめるようになりました。そして彼女の存在感の温かさは、すてきな笑顔から生まれていました。

「キリストの優しさ」（コリントの信徒への手紙二10章1節）という言葉があるように、イエスは優しい人です。優しい人、おだやかな人は、周りに人が集まります。人は優しい表情や笑顔にふれると、自分自身をそのまま受けとめてもらえている心地よさを感じることができます。イエスの周りにはいつも人が集まってきました。イエスのそばにいたいと思える温かさ、どんな自分であっても、どんな過去を持っていても受けとめてもらえる安心、必ず大切にしてもらえるという確信を与えるような存在感をイエスはお持ちでした。

家族の役割

さて、温かい存在感から伝えられる「あなたは一人ではありません」というメッセージは、本来家族から伝えられるメッセージです。人は一人では豊かに生きることはできません。

ホスピスの患者さんの中には、自分の余命を知っている人もいます。

ある日、私が男性の患者さんの病室にかけてある山の風景のカレンダーに関心を示すと、その方はゆっくり見て行ってくださいと言ってくれました。カレンダーを壁からはずして、ベッドサイドに腰掛けて一緒に見ていました。四月の山、五月の山、六月の山とカレンダーをめくって見ていたのです。その患者さんは山に詳しく、解説もしてくださり一緒に楽しく見ていたはずでしたが、カレンダーが七月になったとき、その方はぼそっと言われました。

「もうこの頃は、ぼくは生きていないな」

この言葉をお聞きして、一瞬心が固まってしまい言葉が出ませんでした。身近なところに自分の死があって、その死に向かって生きる姿をホスピスでは見ています。与えられたいのちを最後までしっかり生き切ることがなぜできるのだろうかと思い、患者さんにお聞きをしてみると、「家族が心の支え」と言われます。自分の人生は一人ぼっちではなく、家族と共に歩んでいる人生であり、自分のいのちは自分だけのものではなく、自分を愛し大切に思ってくれている家族と共有したものであるというのです。一人ぼっちなら、人生の危機の中で心が折れてやけになったりするかもしれませんが、自分は一人ではないと思えるとき、人は自分らしく生きようとする力を得るのです。

しかし近年、家族を持たない人が増え、たとえ家族がいなくても一人ではないというメッセージが届いていない人が多くいます。

イエスは約束してくださっています。

「いつもあなたがたと共にいる」と。

あなたは、決して一人ぼっちではありません。

では、「世の終わりまで」とは、いつまでのことでしょうか。世の終わりとは私たちの人生の終わりという意味ではなく、聖書に予告されているこの世の完成のとき、イエスの再臨によって始まる新時代の時のことです。つまりイエスは私たちと日々共におられるばかりでなく、死に逝くときも共におられます。

寂しい、不安だと言って叫んでいる患者さんがいました。とくに夜が寂しいと言うので、夜間は病室にお姉さんが泊まって付き添うことになりました。お姉さんが隣にいてくれると思うと寂しくないねということになったのです。ところが翌日お会いしたとき、その患者さんはそれでも寂しくてよく眠れなかったと言いました。

夜中目が覚めたとき、隣に姉の姿があることはわかっていたが、寂しくて、不安で寝付くことができなかった。姉を起こそうかと思ったが、起こしてもなんの力にもならないと思い、寂しさと不安を抱えてそのまま朝まで待ったというのです。お話をうかがいながら私は思いました。この患者さんの寂しさというのは、人恋しさの寂しさではないと。そしてその方に何が一番の不安なのかと問うてみました。小さな質問を重ねて、やがてその方から導き出せた言葉は「一人で死んでいく寂しさであり、一人で死んでいく不安」でした。

この世を去る瞬間までは家族は共にいてくれます。しかし家族は一緒に死んでくれるわけではありません。死ぬときは一人なのです。一人で旅立っていくとみんな思っています。そして、本当の旅立ちが近づいてきたとき、今まで味わったことのない心の奥底からの寂しさと不安を持つことがあります。

私はその方に、一人で死んでいくのではありませんよ、と伝えました。私たちは確かにこの世を去る瞬間までしか旅立つ人と一緒にいられません。しかし、生と死の世界にまたがって共にいてくださる方ならば、旅立ちのときもその方とご一緒してくださるはずです。イエスは、私たちの死を超えても共におられる方です。

その患者さんはイエスの約束を信じることにしました。それから夜眠れるようになりました。

4

ぶれない生き方

わたしのこれらの言葉を聞いて行う者は皆、岩の上に自分の家を建てた賢い人に似ている。

そこで、わたしのこれらの言葉を聞いて行う者は皆、岩の上に自分の家を建てた賢い人に似ている。雨が降り、川があふれ、風が吹いてその家を襲っても、倒れなかった。岩を土台としていたからである。わたしのこれらの言葉を聞くだけで行わない者は皆、砂の上に家を建てた愚かな人に似ている。雨が降り、川があふれ、風が吹いてその家に襲いかかると、倒れて、その倒れ方がひどかった。

（マタイによる福音書7章24〜27節）

幸せの鍵

自分の家を持つということは、人生の夢や目標になるくらいの大きな買い物です。ですから、もし購入した家が近年あったような欠陥マンションだったときのショックは、どれほど大きいことでしょう。また、大きな震災で家を失うということは、生活を失うことであり、たとえ仮設住宅が与えられても、本来の自分の生活には戻れません。安心して暮らせる家がなければ私たちは落ち着いて生活できません。それほど家は生きていくうえで大切な要素です。

この聖書の箇所では、イエスは私たちの人生を家にたとえています。賢い人と愚かな人が家を建てましたが、一人は岩まで深く掘り下げて家を建て、もう一人は深く掘り下げることを省いて、砂の上に土台なしで家を建てたというのです。家にはいろいろな部屋があって、その用途に合った材料と方法で建てていくように、私たちの人生も自分が願うことに適った築き方を真剣に考えなければなりません。

人生には試練のときがあります。「雨が降り、川があふれ、風が吹き」とは、大あらしの状態でしょう。ひどい災難があったのです。しかし家は倒れなかった。なぜならば岩の上に建てたからです。ここでいう「岩」とは、イエスの言葉です。イエスが私たちに何を望み、どう生きてほしいと願っているかを求める生き方は、地面を掘り下げてイエスと直結しようとする生き方です。岩の上に建てられた家は、確かな土台の上に建てられたがゆえに、倒れませんでした。自分の人生の土台を何にするかはきわめて大切な選択ではないでしょうか。

人生に起こる試練は、一度だけではありません。何度もやってきます。砂の上の家は土台がありませんでしたので、雨が降り、川があふれ、風が吹くと倒れてしまい、その倒れ方がひどかったということは、完全に破壊されてしまったのです。人生の試練は誰に対してもやってきます。私たちは確かな土台の上に自分の人生を築いていかなければなりません。

私が自分の人生の土台について考えさせられたのは、大学生のときでした。高校生までは、みんな同じような人生を歩んでいくんだなと思っていましたが、大学生になってから、一人一人がやがて違った人生を歩んでいくことにはじめて気づいたのです。仕事を持って生きるのか、結婚するのかしないのか、子どもを持つのか持たないのか等々、人生は選択によってまったく違ったものになります。何十年かぶりに同級生と再会したとき、私が歩まなかった人生を友人たちが歩んでいたとしても、私が選んだ人生でよかったんだと満足できる自分でありたいと願うようになりました。

よく「勝ち組」とか「負け組」と言われます。この場合の勝ち負けは、財産とか地位とか人間の欲望を満たすものです。一般に勝ち組は人生の成功者と言われますが、欲望を満たすものは一瞬にして失うこともあります。また、価値があると思っていた地位や名誉も、時間がたつと関心が薄れることもあります。人生には誰でも試練のときがあります。そんなときに支えになる土台をしっかり持っていることこそ、本当の意味で人生に勝つということではないでしょうか。

私は当時、時代が変わっても揺るがない、確固たる土台を求めていました。そして私の人生の土台として、イエスの言葉を信じて生きていく生き方を選びました。大学四年生のときです。あれから三五年以上が経ちました。私が想像していた通り、私の同級生たちは私が持っていないものを持ち、私ができなかった生き方をしていますが、私は私で幸せと思えるのは、イエスと共に生きる道を選んだおかげだと思っています。そして、どんな試練が来ようとも私の人生はつぶれてしまわないと思って生きられることは、何よりも幸せなことです。

人生の土台に幸せの鍵があるのです。

あなたがたは、神と富とに仕えることはできない。

イエスは、弟子たちにも次のように言われた。「ある金持ちに一人の管理人がいた。この男が主人の財産を無駄遣いしていると、告げ口をする者があった。そこで、主人は彼を呼びつけて言った。『お前について聞いていることがあるが、どうなのか。会計の報告を出しなさい。もう管理を任せておくわけにはいかない。』管理人は考えた。『どうしようか。主人はわたしから管理の仕事を取り上げようとしている。土を掘る力もないし、物乞いをするのも恥ずかしい。そうだ。こうしよう。管理の仕事をやめさせられても、自分を家に迎えてくれるような者たちを作ればいいのだ。』そこで、管理人は主人に借りのある者を一人一人呼んで、まず最初の人に、『わたしの主人にいくら借りがあるのか』と言った。『油百バトス』と言うと、管理人は言った。『これがあなたの証文だ。急いで、腰を掛けて、五十バトスと書き直しなさい。』また別の人には、『あなたは、いくら借りがあるのか』と言った。『小麦百コロス』と言うと、管理人は言った。『これがあなたの証文だ。八十コロスと書き直しなさい。』主人は、この不正な管理人の抜け目のないやり方をほめた。この世の子らは、自分の仲間に対して、光の子らよりも賢くふるまっている。そこで、わたしは言っておくが、不正にまみれた富で友達を作りなさい。そうしておけば、金がなくなったとき、あなたがたは永遠の住まいに迎え入れてもらえる。ごく小さな事に忠実な者は、大きな事にも忠実である。ごく小さな事に不忠実な者は、大きな事にも不忠実である。だから、不正にまみれた富について忠実でなければ、だれがあなたがたに本当に価値あるものを任せるだろうか。また、他人のものについて忠実でなければ、だれがあなたがたのものを与えてくれるだろうか。どんな召し使いも二人の主人に仕えることはできない。一方を憎んで他方を愛するか、一方に親しんで他方を軽んじるか、どちらかである。あなたがたは、神と富とに仕えることはできない。」

（ルカによる福音書16章1～13節）

蛇のように賢く、鳩のように素直に

このたとえ話は、解釈が難しいたとえ話と言われてきました。主人が不正を働く管理人をほめているのですから、なんとも奇妙なお話です。

管理人が主人の財産を無駄遣いしているということを告げ口する人がいました。今で言う内部

告発だったのかもしれません。そこで主人は管理人を呼び出して問いただしました。そして「もう管理人を任せておくわけにはいかない」と怒りを込めて終わりを言い渡しました。内部告発で不正が公になるニュースは近年よくあります。不正が発覚したとき、当人はどんな気持ちになるのでしょうか。なぜバレたのだろうと理由を詮索するのでしょうか。あるいは告発した人に心当たりがあって、その人への怒りで心が張り裂けそうになるのでしょうか。それとも、いつか来るのではないかと内心ヒヤヒヤしていた日がとうとうやって来て、一気に疲れが出るような無力感を感じるのでしょうか。

いずれにしても、心が激しく動揺し、頭が真っ白になるに違いありません。主人は自分から管理の仕事を取り上げようとしている。管理人はうろたえたに違いありません。しかし、どうしようとただ取り乱しただけではありませんでした。この期《ご》に及んで、悩み考えたというのです。仕事を取り上げられたら、土を掘る力もなく物乞いをするのも恥ずかしい自分は路頭に迷う。それならばと思いついたのが、管理職の特権を最後に使い切ることでした。管理人は主人に借りのある商人に、その借りを減らしてやるという恩義を売る行動に出ました。そうすれば将来、その恩に報いて自分を助けてくれるかもしれないと考えたのです。自分を救ってくれる友を確保しておこうとしたこの抜け目のなさは、この世を生きていくうえで必要な賢さでもあります。

イエスはマタイによる福音書の10章16節で「蛇のように賢く、鳩のように素直になりなさい」

と言われました。このとき使われた「賢い」という言葉は、実際に用いることのできる知恵を持っている賢明さを意味しています。

主人はこの管理人のやり方をほめました。それは不正行為をほめたのではなく、お金の動かし方を知っていた管理人の賢明さをほめたのです。

聖書はあくまでも、忠実に、誠実に生きることを教えていますが、忠実に生きる、忠実に働くには、抜け目なさや思慮深さも必要です。

神様が望むのは、小さなことにも忠実で、ふた心のない純真な生き方ですが、それは決してぼんやりした生き方や、ロボットのようにただ指示に従う生き方でもありません。変わりゆく現実の中で、どのように生きることが神様を選びとった生き方になるのかを考えなければなりません。今与えられているすべての賜物をどう使いこなすかを悟る知恵も必要だということです。

知能や学歴といった尺度では測れない賢さや、従順に生きることを教えられてきたキリスト者にとっても、今という時をどのように生きるか、自分の立場や置かれている状況をできるかぎり生かす方法を一生懸命考えめぐらし、知恵をふりしぼろうとする賢明さが必要です。

「愚かな者としてではなく、賢い者として、細かく気を配って歩みなさい。時をよく用いなさい。今は悪い時代なのです。だから、無分別な者とならず、主の御心が何であるかを悟りなさい」（エフェソの信徒への手紙5章15～17節）

力は弱さの中でこそ十分に発揮されるのだ。

自分自身については、弱さ以外には誇るつもりはありません。仮にわたしが誇る気になったとしても、真実を語るのだから、愚か者にはならないでしょう。だが、誇るまい。わたしのことを見たり、わたしから話を聞いたりする以上に、わたしを過大評価する人がいるかもしれないし、また、あの啓示された事があまりにすばらしいからです。それで、そのために思い上がることのないようにと、わたしの身に一つのとげが与えられました。それは、思い上がらないように、わたしを痛みつけるために、サタンから送られた使いです。この使いについて、離れ去らせてくださるように、わたしは三度主に願いました。すると主は、「わたしの恵みはあなたに十分である。力は弱さの中でこそ十分に発揮されるのだ」と言われました。だから、キリストの力がわたしの内に宿るように、むしろ大いに喜んで自分の弱さを誇りましょう。それゆえ、わたしは弱さ、侮辱、窮乏、迫害、そして行き詰まりの状態にあっても、キリストのために満足しています。なぜなら、わたしは弱いときにこそ強いからです。

（コリントの信徒への手紙二12章5〜10節）

✧病いを抱えて

私たちは誰もが弱さというものを持っています。例えば、一生抱えて生きなければならない病いを持っている人がいます。その病いのために、仕事の範囲が制限されたり、好きな仕事に就けないこともあります。入院生活や病院通いに人生の多くの時間を費やしている方もいます。病いの苦しみのために、したいことが思うようにできず、腹が立ったり、イライラすることもあるでしょう。そして何度も思うことでしょう。「この病気さえなかったらよかったのに」と。

コリントの信徒への手紙を書いた使徒パウロは、「実際に会ってみると弱々しい人」（コリント二10・10）だったらしく、どうも何かの病気にかかっていたようです。何の病気だったかはいろいろな説がありますが、一番よく言われているのは、てんかん説です。また、一番古い説では、激しい頭痛に悩んでいたと言われます。他にも眼疾に悩んでいたという説もあります。ダマスコへの途上での回心の出来事の後、目が見えなくなり（使徒言行録9章9節）、それ以降、完全に目は回復しなかったとも考えられます。「わたしは今こんなに大きな字で、自分の手であなたがたに書いています」（ガラテヤの信徒への手紙6章11節）と言っていますが、パウロはほとんど目が見えていなかったのではないかとも考えることができます。

そして一番可能性が高いのは、一種猛烈なマラリア熱に慢性的に侵されていたのではないかという考えです。この熱に伴う頭痛は、片方のこめかみに穴を開けられ、両あごの間にくさびを打ち込まれたような痛みと言われていて、人間が耐えられる限界に達する痛みと言われていました。パウロはここで「わたしの身に一つのとげが与えられました」と言っています。ここで言う「とげ」とは、本来「杭」とか「鋭くとがった木の槍」を指しています。しかしそれがやがて「とげ」とか「針」を意味するようになりました。

身に刺さった「とげ」という表現は、パウロが抱えていた「病い」を暗示しています。パウロは使徒として多くの艱難に耐え、戦ってきた人でしたが、病いとも戦わなければならなかったのです。

パウロは、自分が思い上がって生きることがないようにとげが与えられていると理解していました。というのは、パウロは神様から特別な幻を与えられるという経験をしているからです（使徒言行録22章6～21節）。そのために自分が過大評価されることを恐れていました。大きな業績を持っている人に世間は注目します。人間を超えた能力を持っている人に惹かれます。パウロは新たな教祖にされることを恐れました。崇《あが》められなければならないのは神様だけであることを知っていたからです。

パウロは、高ぶらないで生きるためにとげが与えられたことを十分にわかっていましたが、それでもとげが与える苦痛を取り除いてほしいと祈ったのです。パウロはきっと思ったことでしょう。これさえなければ、もっと神様のために活動できるはずだ。これさえなければ、周りの人たちに迷惑をかけないですむはずだ、と。

パウロは神様に三度も願いました。ところが神様の答えは意外なものでした。パウロは、とげを取り除くことを願いましたが、神様はパウロがそれに耐えられるように、力を与えることをもって働いてくださるというものでした。

「わたしの恵みはあなたに十分である」と言われることとは、パウロの人生において十分な恵みを約束している言葉であり、神様の力は、弱さの中でこそ、十分に発揮されるということです。

とはいえ、パウロの肉体の痛み、苦しみは続いたに違いありません。しかし、その肉体のとげに苦悩していても、神様の力は働きつづけ、それに耐え、乗り越える力を与えてくださるのです。そして、耐えて乗り越えていく体験こそが恵みを味わう道なのです。つまり、私たちの弱さは、神様の力を受けるチャンスになりうるのであり、苦悩があってこそ、自分の弱さを知り謙遜に生きることができます。

パウロはそれゆえに、どんな困難がやってきても、それらはすべて神様のためであると確信し、じっと耐えるだけでなく喜びすら感じていました。自分が弱いときにこそ、神様の力が働き、その力によって強く生きることができると体験したからこそ、大いに喜んで自分の弱さを誇りましょうと言うことができたのでしょう。

神様が働くとき

小児病棟に、何度も手術をしている五歳の男の子がいました。彼は立つことも歩くこともできませんでした。人生のほとんどの時間をベッドの上で過ごしてきたのです。五回目の手術が近づいたある日、私は「手術は怖くないかな」と問うてみました。すると「怖いけれど怖くない」と言うのです。「どういう意味?・」と問うてみると、「こんなに何回も手術を受けていたら、ぼく死んじゃうよ」と苦しそうな表情で言いました。手術は受けるたびに怖くなると言われます。手術に臨む過程や術後の苦しみを知っているからでしょうか、回を重ねるほうが怖いと患者さんはよく言われます。五歳の子どもなのに、何回も手術を受けることのリスクを知っているかのような言い方に、私は心が痛みました。手術を受けて元気になることを期待するよりも、手術によってしだいに体が弱って死んでしまうのではないかという怖さがあることを感じました。しかし次の瞬間、彼はにっこり笑って「ぼくの心の中にイエスさまがいるよ」と言ったのです。彼のご両親はクリスチャンでした。お母さんは見舞いに来たときによく、彼にイエスさまのお話をされていました。幼いなりに彼はイエスさまを信じていました。

彼は続いてこう言いました。

「ぼくは怖がりで弱いけれど、ぼくの心の中にいるイエスさまは強いから、手術は怖くないよ」

彼はそれから三日後、イエスさまが助けてくださると信じて手術を受けました。この体験によって、彼はますますイエスさまが好きになりました。

私たちが自分の弱さを認めるとき、神様は働いてくださるのです。

だれでも持っている人は更に与えられて豊かになるが、持っていない人は持っているものまでも取り上げられる。

天の国はまた次のようにたとえられる。ある人が旅行に出かけるとき、僕《しもべ》たちを呼んで、自分の財産を預けた。それぞれの力に応じて、一人には五タラントン、一人には二タラントン、もう一人には一タラントンを預けて旅に出かけた。早速、五タラントン預かった者は出て行き、それで商売をして、ほかに五タラントンをもうけた。同じように、二タラントン預かった者も、ほかに二タラントンをもうけた。しかし、一タラントン預かった者は、出て行って穴を掘り、主人の金を隠しておいた。さて、かなり日がたってから、僕たちの主人が帰って来て、彼らと清算を始めた。まず、五タラントン預かった者が進み出て、ほかの五タラントンを差し出して言った。「御主人様、五タラントンお預けになりましたが、御覧ください。ほかに五タラントンもうけました。」主人は言った。「忠実な良い僕だ。よくやった。お前は少しのものに忠実であったから、多くのものを管理させよう。主人と一緒に喜んでくれ。」次に、二タラントン預かった者も進み出て言った。「御主人様、二タラントンお預けになりましたが、御覧ください。ほかに二タラントンもうけました。」主人は言った。「忠実な良い僕だ。よくやった。お前は少しのものに忠実であったから、多くのものを管理させよう。主人と一緒に喜んでくれ。」ところで、一タラントン預かった者も進み出て言った。「御主人様、あなたは蒔《ま》かない所から刈り取り、散らさない所からかき集められる厳しい方だと知っていましたので、恐ろしくなり、出かけて行って、あなたのタラントンを地の中に隠しておきました。御覧ください。これがあなたのお金です。」主人は答えた。「怠け者の悪い僕だ。わたしが蒔かない所から刈り取り、散らさない所からかき集めることを知っていたのか。それなら、わたしの金を銀行に入れておくべきであった。そうしておけば、帰って来たとき、利息付きで返してもらえたのに。さあ、そのタラントンをこの男から取り上げて、十タラントン持っている者に与えよ。だれでも持っている人は更に与えられて豊かになるが、持っていない人は持っているものまでも取り上げられる。この役に立たない僕を外の暗闇に追い出せ。そこで泣きわめいて歯ぎしりするだろう。」

（マタイによる福音書25章14〜30節）

❖能力は預かり物

このたとえ話には、忠実な働き方についての教えが述べられています。お金の単位タラントン（ギリシャ語）は英語ではタレント（talent）です。持って生まれた特別な才能を意味しますが、このたとえ話では、おのおのの能力という意味で使われています。では、能力とは何でしょうか。一言でいえば、神様が私たち一人一人に預けられた財産のことです。神様は私たちが自分の能力をきちんと管理することを願っています。そして私たちがこの世を去るときには、清算をして神様にお返しをしなければなりません。その能力という賜物がタラントンです。私たちの能力も経験もすべて預かり物なのです。神様から委託されたもので清算を求められる日が来ます。だから、今をどう生きるか、どう働くかがいかに大切かを教えるたとえ話です。

イエスは、神様から与えられた能力を金額で表わしました。一タラントンとは、六千デナリオン。一デナリオンは当時の労働者一日分の賃金ですから、六千日分の賃金になります。ですから、一番少ない一タラントンといっても大変な金額です。相当な賜物を神様からすでにいただいているということになります。

五タラントン、二タラントン、一タラントンと、神様からいただいている能力は同じではありません。おそらく神様は一人一人に最もふさわしい能力を授けてくださっているのです。とすると、私たちは他人の能力を羨んだり、妬んだりする必要はありませんし、私なんてなんにもできないと自己卑下することもありません。私たちはいただいている能力に感謝し、尊く用いて預かった者としての責任をとらなければなりません。

主人が帰ってきたとき、五タラントン預かった者も、二タラントン預かった者も、もうけた分も差し出して、自分の働きを報告しました。主人は同じ言葉で二人をほめ、喜びました。もうけた金額ではなく、預かったものを忠実に運用したことが、主人の心にかなったのです。

しかし、一タラントン預かった者は、地中に隠しておきました。それに対して主人は、僕が預かったお金を盗んだわけでも使い込んだわけでもないのに、怠け者の悪い僕だと怒ったのです。「かなり日がたってから」とあるように、この僕は主人が帰ってくるまで他の二人の働きぶりを見る時間がたっぷりあったはずです。にもかかわらず何もせずに時を過ごしたのです。この僕は主人を厳しい人と思い、恐れていました。日頃から不満があったのでしょう。一方、他の二人は主人が喜んでくれるようにと、忠実な働きを全うしたのです。ここに人生の大きな別れ道があります。

能力や才能の使い方

上司や職場に不満を持っている人がいます。そんな状況では、意欲的に自分らしく輝いて仕事をすることはできません。持っている能力を最大限活用することは難しいでしょう。会社にとっても大きな損失です。しかし大抵の場合、職場や上司がその人の望むような姿に変わることはまずありません。結局、職場や上司に対する不満を一人一人がどう受けとめて生きるかにかかってきます。

聖書のこのたとえ話は、社会で生きる私たちに大切なことを三つ教えています。

一つは、私たちの本当の上司は、能力をはじめすべての賜物を与えてくださった神様です。この世で置かれている場がどんな状況であろうと、職場の上司がどんな人であろうと、本当の上司である神様のために最善の働きをすることがなにより大切です。もちろん、もっと尊敬できる上司の下で働きたい、もっと心地よい職場で働きたいと願って、チャンスがあればより最善を尽くせる道を選び直すこともできます。例えば、不正行為を上司から命じられても、それに忠実に従うのがよい生き方ではないことを私たちは知っています。能力を含める自分の賜物の与え主に対して忠実な働き方、誠実な生き方というものを絶えず考え、判断して生きなければなりません。

二つ目は、いただいている自分の能力とは何かを見つけ、意識し、それに満足することです。一人一人の能力は違いますが、神様はその人にふさわしい能力を私たちにくださっています。ですから、私たちは能力に優劣をつけたり、人間の価値や質のように考えてはなりません。他者の能力を妬んだり、見下したりすると、自分がいただいている能力を正しく精一杯用いることができません。

学生時代には、成績優秀な生徒に羨ましさを感じますが、社会に出ると能力にはいろんな種類があるのだと気づきます。仕事がことさらできるわけではないのに、人間関係を作るのが上手で、周囲の人たちの協力を得るのがうまい人がいます。仕事中はおとなしくて目立たないのに、宴会になると場を盛り上げるのにいなくてはならない人もいます。どの能力も必要です。

三つ目は、自分の能力を出し惜しみしないで、十分に用いることです。

「出る杭は打たれる」ということわざがあります。能力を発揮しすぎると、周りから妬まれ、邪魔をされるから、何事もほどほどにしておくほうが安全だという考えです。

自分の賜物・能力や才能を開花させず、控え目にしか使わないというのも、もったいない話です。そしてこの聖書のたとえ話の中では、いただいている賜物を倍返しするぐらいに、精一杯用いるようにと教えられています。

周囲の人々から意地悪されないような活躍の仕方なんてあるのでしょうか。少々羨ましがられることも覚悟で活躍するのも一つの道ですが、たくさんの能力をいただいている人は、その生かし方を考える必要があります。

いただいている能力や才能といった賜物を自分の欲のために使うのでなく、神様が願う使い方、つまり他者のために正しく使う姿を貫き通すとき、誰も邪魔をすることはできません。

必要なことはただ一つだけである。マリアは良い方を選んだ。それを取り上げてはならない。

一行が歩いて行くうち、イエスはある村にお入りになった。すると、マルタという女が、イエスを家に迎え入れた。彼女にはマリアという姉妹がいた。マリアは主の足もとに座って、その話に聞き入っていた。マルタは、いろいろのもてなしのためせわしく立ち働いていたが、そばに近寄って言った。「主よ、わたしの姉妹はわたしだけにもてなしをさせていますが、何ともお思いになりませんか。手伝ってくれるようにおっしゃってください。」主はお答えになった。「マルタ、マルタ、あなたは多くのことに思い悩み、心を乱している。しかし、必要なことはただ一つだけである。マリアは良い方を選んだ。それを取り上げてはならない。」

（ルカによる福音書10章38〜42節）

✧ マリアの確信

マルタとマリアは姉妹でした。性格的に見てマルタが長女で、マリアが妹ではなかったかと言われています。そしてラザロという弟もいたようです。三人はベタニアという所に住んでいました。

イエスがこの三人のもとを訪問されたときのことです。マルタはさっと出向いていって「よくいらっしゃいました」と挨拶し、お客様に失礼がないように、いろいろと配慮するタイプの人でした。日本的に言うと、まずお茶をお出しして、次に……と思いめぐらし、忙しく立ち振る舞っていたのです。やがてふっと見ると、妹はイエスの足もとに座って、その話に聞き入っていました。「お姉さん、お手伝いしましょうか」という言葉もない。マルタは妹のそんな姿を見て頭にきたのでしょう。どうして私だけが……と腹が立ったマリアは、思わずイエスに言いました。「主よ、わたしの姉妹はわたしだけにもてなしをさせていますが、何ともお思いになりませんか。手伝ってくれるようにおっしゃってください」。するとイエスは、「マルタ、マルタ、あなたは多くのことに思い悩み、心を乱している。しかし、必要なことはただ一つだけである。マリアは良い方を選んだ。それを取り上げてはならない」とおっしゃったのです。

さて、イエスの言われた言葉の意味とはなんでしょうか。

マルタは一生懸命おもてなしをしていました。イエスは、人をもてなすこと、給仕をすることは、そんなに大事なことではないと思っておられるわけではありませんでした。また忙しくしているマルタに向かって、「マルタよ、おもてなしはもういいから、あなたもわたしの話を聞きにここへ来なさい」と言われませんでした。マルタがマリアのことを訴えたことに対して、イエスのこの諭《さと》す言葉が返ってきたのです。

世の中には、活発に立ち振る舞う人と、人から言われてから、やっとゆっくり動く人とがいます。職場で、学校で、家庭で、「わたしはこれだけのことをしているのに、どうしてあの人は、何もしていないの」と、腹が立ってくることはないでしょうか。人はイライラして、心が乱れると、他者に対して批判的になります。

マルタは、自分のもてなしのあり方のほうがマリアの姿よりもはるかに正しい、という思いがあったのでしょう。そしてイエスに叫んでしまったのです。「どうしてマリアにわたしを手伝うように言ってくださらないのですか」。心が乱れたがゆえに、人を批判するマルタの姿を見て、イエスは情けない思いになったのでしょう。「何を言っているんだ。君は批判的になっているぞ。自分のことを上において人を見下しているよ」と言わざるをえなかったのです。

マルタは、接待が上手な人でした。今でもベタニアは歓待の地と言われています。マルタも素晴らしい人でした。しかしイエスは、心を取り乱し、マリアを批判しているマルタの心にとてもがっかりされたのです。

さて、「必要なことはただ一つだけである。マリアは良い方を選んだ」とは、どういう意味でしょうか。

もう一カ所、聖書の記事を見てみましょう。

過越祭の六日前に、イエスはベタニアに行かれた。そこには、イエスが死者の中からよみがえらせたラザロがいた。イエスのためにそこで夕食が用意され、マルタは給仕をしていた。ラザロは、イエスと共に食事の席に着いた人々の中にいた。そのとき、マリアが純粋で非常に高価なナルドの香油を一リトラ持って来て、イエスの足に塗り、自分の髪でその足をぬぐった。家は香油の香りでいっぱいになった。弟子の一人で、後にイエスを裏切るイスカリオテのユダが言った。「なぜ、この香油を三百デナリオンで売って、貧しい人々に施さなかったのか。」彼がこう言ったのは、貧しい人々のことを心にかけていたからではない。彼は盗人であって、金入れを預かっていながら、その中身をごまかしていたからである。イエスは言われた。「この人のするままにさせておきなさい。わたしの葬りの日のために、それを取って置いたのだから。

（ヨハネによる福音書12章1〜7節）

イエスは、十字架にかけられるためにエルサレムへ入城される直前に、三キロほど離れた郊外にあるベタニアにお寄りになりました。イエスにとって、マルタとマリアとラザロは、とても心の近い友人だったのでしょう。

ホスピスで病める方々が、自分の死が近いことを悟って、大切な方を呼び出し、来てもらっている姿をよく見てきました。最後に会いたい人とは、よほど大切な人ということになります。イエスも死への道を進もうとされるその直前に、大切な友人に会いに行かれたのです。そのとき、マルタはまた給仕をしていました。マルタとマリアにとって、イエスとの最後の晩餐の時でした。マルタなりに精一杯のもてなしをしたに違いありません。マルタはいつも給仕の人。これがマルタの姿でした。

ところが、マリアの姿はここでは以前と違っていました。本節の冒頭のルカによる福音書のマリアはイエスのそばで座っている人でした。あまり動きのない静かな人、じっと座っているようなイメージを感じる人でした。ところが今回は誰もしなかった行為をしたというのです。ずいぶん活動的なマリアの姿を見ることができます。高価なナルドの香油を一リトラ、イエスの足に塗ったのです。

高価なナルドの香油一リトラとは、どれほどの価値があるものなのでしょう。ナルドの香油とは、ナルドの木の根っこから作った非常に香りの高いものです。一リトラとは約三百グラムで、ナルドの香油一リトラの値段は普通の労働者の一年分の稼ぎに相当します。しかも女性であるマリアにとって、それは宝物であったに違いありません。「家は香油の香りでいっぱいになった」と書かれていますから、これはかなり質の良いものであったと考えられます。大切に取っておいた宝物を、大胆にもイエスの足に塗ったのです。そして自分の髪の毛でそれをふきました。女性にとって髪はいのちです。布でふくことも、手でふくこともできたでしょう。しかし、マリアは女性にとっていのちである自分の髪の毛でふいたのです。

そして、これはイエスの葬りの準備をする行為でした。共にいたイエスの一二人の弟子すら、葬りの準備をした者は一人もいませんでした。十字架にかけられて死ぬイエス、救い主としてのイエスを誰もが受けとめることができないでいたとき、マリアは「どうぞ、十字架に向かって進んでください」と言わんばかりに、葬りの準備をして、この大胆な行為をしたのです。ヨハネによる福音書11章に、重病のラザロが死んだことが記されています。しかしイエスはラザロを復活させられました。この復活をマルタとマリアは見て体験したのです。マリアには、「この人がキリスト、救い主だ」という確信があったのです。だから、こんな行為ができたのでしょう。

大切な時を見抜く

マリアとはどんな人物なのでしょうか。

静かな面と積極的に行動する面を持つ女性です。そして、ここぞという大切な場面で大切なことを見抜ける女性でもあります。

私たちの毎日は、さほど変化のない一見すると退屈な日々と感じることがあります。しかし単調な日々の中にも、人生の大切な節目があります。学校の入学や卒業、就職、退職、結婚等。そして、自分の死を身近に感じて過ごす人生の終末期にも、大切な意味ある時がいくつもあります。

イエスは、救い主としての自分の大役を果たすときがやって来たことを意識して、マルタたちを訪問することを選びました。日頃一二人の弟子を引き連れていましたが、彼らから得ることのできない安らぎを、マルタたちから得ておられたのかもしれません。

マルタの家で、いつも温かくもてなしてもらい、イエスの心も励まされていたのでしょう。弟ラザロを復活させてくださったイエスがやって来られたとき、マリアはイエスとこういう形でお会いするのは、これで最後になるかもしれないと感じることのできた人でした。洞察する力、時を見抜ける力があったのです。そして、今、この瞬間の尊さを悟ったマリアは、今自分ができる最高の愛の行為を、イエスに行ったのです。

イエスの足もとに座ってその言葉を聴いていたマリアは、そのとき、今イエスの言葉を聴く必要があると感じ、そうすることを選び取ったのです。イエスは、彼女から「それを取り上げてはならない」と言われました。

今、これを選び取らなければならないと、人生の中で大切な時を見抜くとき、そしてそれを実行に移すことができるならば、それは神様が願っておられるベストな生き方です。

イエスの言葉を足もとに座って聴いていたときのマリアも、ナルドの香油を塗ったときのマリアも、その瞬間、ただ一つの最も大切なものを選び取ったのです。

今、最も必要なことは何かを悟り、そのために最善の行為ができる人、今という時の意味を見抜ける人は、今を大切に生きる努力をしている人です。

私が二〇代の頃勤めていた病院の内科病棟に、患者さんからスーパーナースと呼ばれている看護師さんがおられました。患者さん方は数多くいる看護師さんの中で、彼女の存在に一目置いていました。患者さん方に、彼女はなぜそんなに素晴らしいのかと問うてみると、その看護師は相手のニーズをキャッチするのが早くて、願い求める前に動いてくれるというのです。してくださる援助が、実にタイムリーであることは、患者さんの心に感動を与えていました。

ある日、彼女と廊下ですれ違ったとき、彼女に問うてみました。「こんな素晴らしい働き方ができるために、何を一番の心得にされているのですか」と。彼女の返答はこうでした。

「私、よい緊張感を持って仕事をしているのよ」

五〇代になりベテランのナースと呼ばれていた彼女が、なおも緊張感を持つ努力をし、相手のニーズを見落とすことがないように注意を払って働いていたことを、そのとき知りました。そして彼女は、病める方の単調な入院生活にも、大切な節目があることを悟って、そのときそのときに適切な対応ができる人でした。彼女は病める方と共に、今を生きる努力をしていました。豊かな感性を働かせ、時を見抜く力を養っていたのです。

マリアのような生き方をしていたこのナースのタイムリーな対応によって、患者さんは自分が大切にされていることを感じていました。

5

人と関わるということ

わたしはこの最後の者にも、あなたと同じように支払ってやりたいのだ。

天の国は次のようにたとえられる。ある家の主人が、ぶどう園で働く労働者を雇うために、夜明けに出かけて行った。主人は、一日につき一デナリオンの約束で、労働者をぶどう園に送った。また、九時ごろ行ってみると、何もしないで広場に立っている人々がいたので、「あなたたちもぶどう園に行きなさい。ふさわしい賃金を払ってやろう」と言った。それで、その人たちは出かけて行った。主人は、十二時ごろと三時ごろにまた出て行き、同じようにした。五時ごろにも行ってみると、ほかの人々が立っていたので、「なぜ、何もしないで一日中ここに立っているのか」と尋ねると、彼らは、「だれも雇ってくれないのです」と言った。主人は彼らに、「あなたたちもぶどう園に行きなさい」と言った。夕方になって、ぶどう園の主人は監督に、「労働者たちを呼んで、最後に来た者から始めて、最初に来た者まで順に賃金を払ってやりなさい」と言った。そこで、五時ごろに雇われた人たちが来て、一デナリオンずつ受け取った。最初に雇われた人たちが来て、もっと多くもらえるだろうと思っていた。しかし、彼らも一デナリオンずつであった。それで、受け取ると、主人に不平を言った。「最後に来たこの連中は、一時間しか働きませんでした。まる一日、暑い中を辛抱して働いたわたしたちと、この連中とを同じ扱いにするとは。」主人はその一人に答えた。「友よ、あなたに不当なことはしていない。あなたはわたしと一デナリオンの約束をしたではないか。自分の分を受け取って帰りなさい。わたしはこの最後の者にも、あなたと同じように支払ってやりたいのだ。自分のものを自分のしたいようにしては、いけないか。それとも、わたしの気前のよさをねたむのか。」このように、後にいる者が先になり、先にいる者が後になる。

（マタイによる福音書20章1〜16節）

天国の価値観

天国のたとえ話としてのお話ですが、社会では考えられない内容です。ぶどう園で働いた労働者は、労働時間によって五グループいました。夜明けから働いた者、九時頃から働いた者、一二時頃から働いた者、三時頃から働いた者、そして五時頃から働いた者です。主人は、夜明けから働いた者には、一日につき一デナリオンを約束しました。一日中働いた賃金と考えて、当時の相場の金額だったのでしょう。そして九時頃から働いた者には「ふさわしい賃金」を約束しました。おそらく一二時頃、三時頃、五時頃の者にも「ふさわしい賃金」を約束したと想像することができます。

さて、主人はまず五時頃から働いた者に、一デナリオンを支払いました。夜明けから働いていた者は、それを見て自分たちはもっと多くもらえるはずだと思ったに違いありません。しかし、一デナリオンしかもらえなかったのです。それで主人に文句を言いました。すると主人は「わたしはこの最後の者にも、あなたと同じように支払ってやりたいのだ」と返答したのです。

なんとも不公平なお話です。多く働いた者は、多くの賃金をもらうのが当然ではないかと考えるのがこの世の中です。言い換えれば、能力のある者が評価され、良い結果を出す者が人生の成功者になるということです。当然そこには競争があり、結果として自分の人生を他者の人生と比べることになります。学校、勤め先、地位等によってランク付けされ、あたかもそれがその人の人間としての価値のように見られる社会の中に私たちは生きています。

世の中には、生まれながらに病いを持ち、生涯病いと共に生きる人や、交通事故で不自由な体になり仕事を失う人もいます。それまで成功者として順風満帆の人生を歩んでいても、いつ何が起こるかわかりません。

このたとえ話から、私たちはいのちの価値について学ぶことができます。イエスは、すべての人のいのちの存在と価値は同じであることを言おうとされました。人間の存在は、何かの判断基準で選別するべきではなく、存在そのものが尊く価値があるということを言われたのです。これが天国の価値観です。天国では、この世での業績が評価されるのではなく、いのちの価値は公平に受けとめられます。それが神様の願いなのです。

ぶどう園の主人とは、神様のことを指しています。そして「わたしはこの最後の者にも、あなたと同じように支払ってやりたいのだ」という主人の言葉は、神様の思いであり、これが天国の価値観を表わした言葉です。

かつて新聞の投書欄に、次のような内容の文章が載っていました。

夫が植物状態で入院をしていたというのです。病院側から、そろそろ退院するか転院をしてほしいと言われましたが、妻はもう少し置いてほしいと頼んでおられました。妻は毎日見舞いに行き、この日は看護師さんの負担をできるだけ少なくしようと思い、一人で夫のパジャマを着替えさせようとしました。物言わぬ夫をベッド上で転がしながら着替えをさせていると、夫の背中の下で何か手に当たるものがありました。なんだろうと何回も確かめたところ、ベッドのマットレスが古かったせいかスプリングが飛び出し、それが夫の背中に当たっているのがわかりました。

妻は病院に気兼ねをして言いかねていましたが、勇気を出して看護師を呼び、スプリングが飛び出ていることを伝えました。そこにちょうど看護師長も来られ、スプリングに触ってこう言われたそうです。

「このスプリングが〇〇さんの背中に当たっているじゃないの。うちの大事な〇〇さんに、こんな思いをさせちゃだめじゃないの。マットレスを替えましょう」。そう言って、他の看護師に指示し、心地の良いマットレスが運ばれてきました。

妻はこの件に関して、最初からきちんとしたマットレスを用意しておいてほしかったという苦情を書かれているのではありません。妻がわざわざ投書された思いとは、なんだったのでしょうか。妻はこう書いておられます。

「うちの主人は植物状態で、何をしていただいても、『ありがとう』の一つも言えません。看護師の皆さんも、やっぱり人間ですから、援助を提供したとき、感謝の言葉が返ってきたら嬉しいに違いありません。しかしなんの返答もできず、じっと寝ているだけの夫のことを、師長さんは『うちの大事な〇〇さん』と言ってくださいました。胸が熱くなって、とっても嬉しかったのです」

医療者にとって、これは当たり前の言動であってほしいと思います。

いのちは、そこに存在するだけで尊いのです。そして存在の価値にランクがあってはなりません。

一人の価値

小さな者が一人でも滅びることは、あなたがたの天の父の御心ではない。

ある人が羊を百匹持っていて、その一匹が迷い出たとすれば、九十九匹を山に残しておいて、迷い出た一匹を捜しに行かないだろうか。はっきり言っておくが、もし、それを見つけたら、迷わずにいた九十九匹より、その一匹のことを喜ぶだろう。そのように、これらの小さな者が一人でも滅びることは、あなたがたの天の父の御心ではない。

（マタイによる福音書18章12〜14節）

一人一人のかけがえのなさ

学生時代、授業中にこっそりと他のことをすることを「内職」と呼んでいました。次の授業の宿題をしたり、マンガの本を読んだり手紙を書いたりするのです。先生に見つからないようにこっそりとするテクニックが必要でした。見つかったら叱られることを覚悟しながらも、なぜそのような行為ができたのでしょうか。それは見つからない確率が高いことを知っていたからです。多くの学生の中に自分がいると思うと、その他大勢の中のたった一人の私ということになります。教師は私の行為に気づくのはかなり難しいのではないかと考えると、少々大胆な行為ができるような気持ちになります。

私は現在、ホスピスで心のケアを担当する仕事に就いていますが、大学の非常勤講師としても勤務をしています。授業中に携帯電話をさわっている学生がいて注意をすると、一瞬びっくりした顔になります。どうしてバレたんだろうと思っているのでしょうか。すると、申しわけないという表情になる学生と、かえって開き直るような態度をとったり、注意をしたことで不貞腐《ふてくさ》れてしまう学生がいます。見つかってびっくりし、すみませんでしたという気持ちを持った学生は、その後一生懸命授業に出席する学生になります。授業中、しっかり教師の方を見て、ノートがとれる学生になります。大勢の中のたった一人の私のはずだったのに、先生は私を見ていたんだという認識が、その人を変えていくように見えます。

さて、イエスが語られたこのたとえは「迷い出た羊のたとえ」と呼ばれています。当時羊が高原の牧草地から迷い出て、峡谷に落ちて死ぬことがよくありました。迷い出た羊たちを捜すため、羊飼いたちは羊たちの足跡をたよりに遠くまで出かけたのです。迷った羊を捜し出して連れ戻すのは簡単ではなく、ときには危険な場所にまで足を運ばなければなりませんでした。羊は村が共同で飼うことが多く、一つの群れに数人の羊飼いがいたので、他の羊を山に残して、迷える羊を捜しに行くことができました。ですから、迷い出た一匹の羊が連れ戻されることは、村中の大きな喜びだったのです。百匹中の一匹は百分の一の価値ではありません。一匹としての価値があります。大教室でたくさんの学生が授業を受けていたとしても、一人一人の学生に尊厳と価値があることを知って、教師は一人一人を見ているはずです。

子どもがある日突然、行方不明になることがあります。新聞やテレビのニュースで知るたびに、いつも心が痛みます。親にとってどれほどの大きな心配でしょうか。自分の身を削ってでも捜そうとするに違いありません。子どもが何人いても、いなくなった子の代わりはいません。親にとって、その子はその子なのです。かけがえのない大切な子だということです。

迷える羊

このたとえ話の羊飼いとはイエスのことです。イエスは迷い出た一匹の羊を捜し回っています。その一匹が尊く、大切だから捜しているのです。その一匹とは他ならぬ私たち一人一人のことです。

あなたは、自分は迷い出た覚えはないとおっしゃるかもしれません。大きく人生を踏みはずしてはいない、真面目に生きてきたはずと言われるかもしれません。また他の人と比べて、その人よりはましな生き方ができていると思っているかもしれません。

しかし、あなたの心に許せない思い、強い執着心、憎しみや怒り、意地悪な思いはありませんか。ついつい人の心を傷つけるような言動をとってしまっていませんか。その姿はイエスの群れの中にいない羊の姿です。あなたは迷える羊なのです。

迷い出た羊は、自分が迷い出たという自覚をいつ持つのでしょうか。楽しいことを見つけようと歩いていたら、どんどん群れから遠ざかってしまったということでしょうか。私たちはふと我に返った瞬間に自分が一人ぼっちでいることに気づくのです。そのときの心細さ、心もとなさ、自分らしく輝いていない姿、それが群れから迷い出た状態です。

山で遭難した人の話をニュースで聞くことがあります。道を間違えて一人だけ下山できなくなり、山中に残される気持ちはどんなものでしょう。仲間とはぐれてしまった心細さはどんな寂しさなのでしょうか。そんなときに救助の人がやって来たら、喜びと安堵でやっと生きた心地がするに違いありません。安心して本当の自分に戻れますし、あまりの心細さで失いかけていた生きている感覚が戻ってくるでしょう。

多くの宗教では、たいてい私たちから神様にすがることになります。しかし、イエスは捜し見つけてくださるというのです。迷い出た羊であるあなたは、すでにイエスの目にとまっています。

イエスに連れ戻してもらうことができるのです。連れ戻されて、私たちはやっと本当の心の平安を得、自分らしく生きることができるようになります。これが「救い」です。

迷い出てしまう者がいることをイエスは知っておられます。一人一人は尊く、かけがえのない存在です。たった一人のために、労を惜しまずに捜し出そうと走り回ってくれるそんな愛の目で、私たち一人一人は見つめられています。

山で遭難し、救助された方は、きっと助けに来てくれた人のことを忘れることはないでしょう。そして二度と同じことが起こらぬよう山の中で仲間とはぐれないように、以前よりも注意をするに違いありません。

イエスに捜し出された私たち一人一人も、捜し出してくださったこの方を決して忘れてはいけません。そして連れ戻された後、二度と迷い出ることがないように、イエスの眼差しから遠ざからないように努力しましょう。

一人一人は代わりとなる人はいません。あなたの存在は唯一なのです。

一つの部分が苦しめば、すべての部分が共に苦しみ、一つの部分が尊ばれれば、すべての部分が共に喜ぶのです。

体は、一つの部分ではなく、多くの部分から成っています。足が、「わたしは手ではないから、体の一部ではない」と言ったところで、体の一部でなくなるでしょうか。耳が、「わたしは目ではないから、体の一部ではない」と言ったところで、体の一部でなくなるでしょうか。もし体全体が目だったら、どこで聞きますか。もし全体が耳だったら、どこでにおいをかぎますか。そこで神は、御自分の望みのままに、体に一つ一つの部分を置かれたのです。すべてが一つの部分になってしまったら、どこに体というものがあるでしょう。だから、多くの部分があっても、一つの体なのです。目が手に向かって「お前は要らない」とは言えず、また、頭が足に向かって「お前たちは要らない」とも言えません。それどころか、体の中でほかよりも弱く見える部分が、かえって必要なのです。わたしたちは、体の中でほかよりも恰好が悪いと思われる部分を覆って、もっと恰好よくしようとし、見苦しい部分をもっと見栄えよくしようとします。見栄えのよい部分には、そうする必要はありません。神は、見劣りのする部分をいっそう引き立たせて、体を組み立てられました。それで、体に分裂が起こらず、各部分が互いに配慮し合っています。一つの部分が苦しめば、すべての部分が共に苦しみ、一つの部分が尊ばれれば、すべての部分が共に喜ぶのです。

（コリントの信徒への手紙一 12章14〜26節）

それぞれの役割と一致

この聖書の箇所は、キリストにおいて信者は一致すること、教会において互いに賜物を重んじ合って一致して生きることが勧められている場面に続いて、一致することとはどうすることなのかが具体的に記されている箇所です。

医療の現場では絶えずチームワークが要求されます。スポーツの世界でも「チーム一丸《いちがん》となって戦う」という言葉をよく耳にします。会社という組織でも同じです。

「一致して生きる」ための心得とは何でしょうか。

一つは、神様が一丸となって生きる私の仲間を今、そばに置いてくださっていると思って、一緒に働いている人やチームを組んでいる人を受けとめることです。私が選んだのではなく、神様が望んで一人一人の仲間を置いてくださったと考えるのです。

二つ目は、一人一人は全体のために必要であって、それぞれの役割があるということです。オーケストラではどのパートも演奏に欠かせません。ヴァイオリンのように曲の初めから終わりまで弾く楽器もあれば、出番が一瞬の楽器もあります。しかし出番は少なくてもその楽器がなければ曲は完成しません。一人一人の役割があるからこそ全体があるのです。

三つ目は、体の器官がそれぞれの機能や役割を正しく果たしているように、私たちも他の人の役割や能力を妬んだり、自分の役割や能力を卑下することなく、自分の立場・役割・与えられた賜物や能力を正しく理解することが必要であるということです。競争心というものは必ずしも悪いものではなく、成長の糧になることがありますが、誤った競争心を持つと、勝ち負けだけに目がいき、自分の立場や役割の意味を見失ってしまうことがあります。そんなときは往々にして華やかな立場にいる人を羨ましく思ったり、活躍している人の役割を妬んだりします。裏方的な仕事がつまらないものに見えてくるのです。しかしどんなに小さな役割でも必要とされていることを正しく理解しておかなければなりません。

四つ目は、一緒に働くチームのメンバーに、「あなたは必要のない人」と言わんばかりの対応をしてはいけないということです。目立つ役割や立場の人が、裏方の小さな働きを理解していないということがあります。全体の働きは、小さな働きもあってこそ成り立っているということを忘れないようにしたいものです。華やかな活躍ができる立場の人は、裏方として陰で支えてくれる人たちにさまざまな場面で配慮しましょう。立場から得られた賞賛や評価を一人占めにせず全体と分かち合う心がけが大切です。

五つ目は、互いに気遣い合うことです。立場も役割も能力も違う者同士が、それぞれの分に応じて、全体のために生きるということは、この違いを十分に理解して、互いに気遣う心配りが大切です。そして互いにいたわり合うことです。

病院にはいろいろな職種の方がいて、チームを組んで患者さんのケアにあたります。私は長年病院に勤めてきて、他の職種の働きを羨ましく思うこともありますが、他の職種を見ることによってかえって自分の仕事の意義や価値をより明確にできたのではないかと思います。どの職種も必要であり、どんな小さな働きでもチームの中で大切。だからこそ、私はここで必要とされていると感じることが、今日までの働きを支えてきました。

働きを継続するうえで一番大切なことは、苦労を共にできる仲間が持てるかどうかということです。どのような働きにも苦労はあります。どんなに努力してもうまくいかないこともありますし、思わぬ課題を背負うこともあります。そんなときに一人でその苦労を背負うのではなく、仲間が一緒に悩んでくれたり考えてくれたりするならば、苦しみの中に希望が持てるのです。みんなで一緒に乗り越えた苦労の記憶は、絆を育て、後に人生の宝となっています。互いにいたわり合い、苦労も喜びも共有するとき、一致して生きることの楽しさを味わうことができます。チームワークが不可欠な医療の現場は、私にとってやはり魅力にあふれた職場です。

復讐心との向き合い方

だれも、悪をもって悪に報いることのないように気をつけなさい。

兄弟たち、あなたがたに勧めます。怠けている者たちを戒《いまし》めなさい。気落ちしている者たちを励ましなさい。弱い者たちを助けなさい。すべての人に対して忍耐強く接しなさい。だれも、悪をもって悪に報いることのないように気をつけなさい。お互いの間でも、すべての人に対しても、いつも善を行うよう努めなさい。

（テサロニケの信徒への手紙一 5章14〜15節）

✤人間関係のコツ

聖書の中に、人との関わり方の大切なポイントを見ることができます。

使徒パウロは、「怠けている者たちを戒めなさい」と語っています。ここで言う怠けている者とは、働こうと思ったら働けるのに、仕事をしないで他の人の世話になっている人のことです。

少しも働かず、勝手気ままな生活をしている人、仕事を自分の身勝手さのゆえにやめてしまって、乱れた生活をしている人を指しています。パウロは、「落ち着いた生活をし、自分の仕事に励み、自分の手で働くように努めなさい。そうすれば、外部の人々に対して品位をもって歩み、だれにも迷惑をかけないで済むでしょう」（テサロニケ一4章11〜12節）、「自分で得たパンを食べるように、落ち着いて仕事をしなさい」（テサロニケ二3章12節）と語っています。つまり、生きていくうえで私たちは、人に迷惑をかけないような生き方をしなければなりません。そのためにはまず、落ち着いた生活ができるように、自分の日々の糧は自分で稼ぎなさいということです。仕事をして生活の安定を図り、自立をしていることが、良い人間関係への道です。ですからパウロは、怠けている者を周りの人々は黙認してはいけないと教えています。

六〇代後半の女性の患者さんがホスピスに入院されていました。独身の方で、友人が多く、必要な物は友人たちに買ってきてもらっていました。そして唯一のご兄弟である弟さんが、遠方である九州から定期的に見舞いに来られ、お姉さんを自宅に外出させてくださっていました。独身とはいえ、彼女は周りのよき援助を得て、入院生活を送っておられ、ある日、私に援助を受ける心得についてお話ししてくださいました。

彼女のお話では、友達に買い物を頼んだとき、おごりよと言われても、必ずきちんと代金を支払うこと、そして弟さんに見舞いに来てもらうときの新幹線代やホテル代は毎回用意して渡しているとのことでした。

「お金で甘えると、必ず人間関係はこわれていくわよ。たとえ兄弟間であっても、お金で負担をかけると、気持ちよく力になってもらえなくなる。だから経済的に自立をしていることが大事なのよね。一生懸命働いて、こつこつ貯めておいてよかったなと今思っています」

病気のときや高齢になると、どうしても人の助けが必要となってきます。欲しい物を手に入れるためにも、誰かに買ってきてもらわなければなりません。どこかへ出かけようと思っても、付き添う人がほしいと思うこともあります。病気のときぐらい、そして高齢になったら、周りの方々に少々甘えていいですよとホスピスの患者さんに申してきました。ただ、お金における迷惑は、人間関係を複雑にさせてしまいます。

近年、働きたくても仕事が見つからないという人がたくさんいます。その方々を怠けていると見ているわけではありません。経済的に自立をする努力をしているかどうかが問われています。自分のやりたい仕事ではないかもしれませんが、今働けそうな場を選り好みせずに得て、経済的に周りに迷惑をかけずに生きる努力をしていることが大切なのです。

また、若いときに得た資産を、欲にまかせて使い果たすのではなく。やがて高齢になって働けなくなる日が来ることも考えに入れて、貯蓄しておく賢さも必要です。

障害や病気のために、思うように社会で仕事を見つけられない方もいます。しかし、例えば障害がある方が施設でおいしいパンを焼いたり、箱を組み立てたり、織り物の作品を販売されている姿を目にすることがあります。大切なのは、自分が今できることに一生懸命取り組むこと、仕事がどんなにささやかなものであっても誇りを持つこと、そして継続することです。働くことにはいろいろな意味がありますが、生活のために仕事をしていると思うと多くのことに耐えられます。

「気落ちしている者たちを励ましなさい」とパウロは語っています。私たちは人間関係で落ち込んだり、仕事がうまくいかなかったり、恋が実らなかったり、受験や就職に失敗したりと、実にいろいろな場面で落ち込むことがあります。同じように私たちの周りには何かで落ち込んでいる人がたくさんいるはずです。そうした人がいないか常に注意を払うこと、落ち込んでいる人を見つけたならば、心にかけ、声をかけ、可能なら相談に乗って良いアドバイスを届ける努力をしましょう。そして、神様のお力添えを求めてその方のために祈ることができます。

「弱い者たちを助けなさい」とは、体が弱い、病弱の方を助けなさいという意味ではなく、信仰的に弱い者のことを指しています。信仰生活においても、傷つくことや苦労することがあります。教会の中での小さなつまずきで、信仰を失ってしまいそうになる人がいます。パウロは「信仰の弱い人を受け入れなさい。その考えを批判してはなりません」（ローマの信徒への手紙14章1節）とも語っています。強い信仰、深い信仰を持っている者は、弱い者を助ける使命があるというのです。

ただ、落ち込んでいる人と励ます人、弱い人と強い人は、いつ逆転するかわかりません。励ましていた人が落ち込むこともありますし、強い人でも弱い気持ちになり信仰が萎《な》えるということがあります。それゆえに、パウロの手紙には「互いに励まし合いなさい」という勧めがよく見られます（コリントの信徒への手紙二13章11節、テサロニケ一5章11節、ヘブライ人への手紙3章13節参照）。

人は一人では生きていけません。互いに励まし合い支え合うことがどうしても必要です。信仰を守り通して生きるときも、信仰の仲間・友の存在が必要になってきます。互いに励まし合うことのできる人を見つけ、持っておくことです。

「すべての人に対して忍耐強く接しなさい」とは、寛容の心を持って人と関わりなさいということです。つまり広い心で人の過ちを許したり、人を分けへだてをしないで関わる人になりなさいということです。

「一切高ぶることなく、柔和で、寛容の心を持ちなさい。愛をもって互いに忍耐し、平和のきずなで結ばれて、霊による一致を保つように努めなさい」（エフェソの信徒への手紙4章2〜3節）

愛をもって互いに忍耐し合うことは、平和に生きる人間関係のコツです。イライラせず、相手に対して強い思い込みを持たず、すぐに結論を出さず、根気強く関わる覚悟で見捨てないということです。

✣平和に生きる努力

そして最後に「だれも、悪をもって悪に報いることのないように気をつけなさい」と勧めの言葉が語られています。悪をもって悪に報いるとは、復讐することです。人間関係で傷ついたとき、相手への怒りのみならず、相手を一発殴りたい気持ちに駆られたり、相手が困ったり不幸になったりすることを願ったりすることがあります。そして相手が死んでくれることを強く願い、それを行動に移すというレベルにまで怒りが増大することもあります。

このようなパウロの言葉もあります。

「できれば、せめてあなたがたは、すべての人と平和に暮らしなさい。愛する人たち、自分で復讐せず、神の怒りに任せなさい。『「復讐はわたしのすること、わたしが報復する」と主は言われる』と書いてあります。『あなたの敵が飢えていたら食べさせ、渇いていたら飲ませよ。そうすれば、燃える炭火を彼の頭に積むことになる。』悪に負けることなく、善をもって悪に勝ちなさい」（ローマの信徒への手紙 12章18～21節）

パウロはどんなに深く傷つき、大きな怒りを持とうと、自ら復讐してはならないと警告しています。復讐は神様がなさること、だから怒る気持ちに深入りしてはならないと諫《いさ》めています。誰かを恨んで生きていると、自分の魂が汚れていきます。一番いいのは、恨んでいる人から離れた所に身を置くことです。できる限り関わらないように距離を置くことです。そして、恨みを増大させるような思考をストップさせて、目の前にある自分の人生を真っすぐに生きることに目を向けられるように、自分をコントロールすることです。そして復讐したいぐらいの恨みを忘れることも消し去ることもできない私たちは、その復讐の実行を神様に任せるのです。なんらかの形で神様がこの件について決着をつけて下さると信じて、自ら手を下さないこと、心を騒がせずにすっかりお任せをしてしまうということです。

傷ついた記憶や怒りを私たちは忘れることができません。ですから、自ら復讐しようと思う気持ちを断つために、相手から離れて考えないようにするというのが普通の考え方ですが、パウロはさらに復讐を神様に任せるのみならず、善を行うよう努めなさいと勧めています。善を行うとは、相手にとって益となり、助けとなることを行うということです。そしてそのような歩みを日々し続けなさいと勧めています。

復讐したいぐらいの相手に善を行うことは一般的には考えられない発想です。しかし、悪をもって悪に報いることは、悪に負けることになるというのです。相手のレベルに合わせて、裏切られたから意地悪をするというのでは、こちらも悪に手を染めることになります。怒りをただ感情的にぶつけただけでは、心は癒されず、かえって怒りを増大させてしまうことすらあります。

パウロは相手の悪に勝つためには、善を行うしか道がないことを知っていました。

「善をもって悪に勝ちなさい」

不可能にすら思える生き方、これがキリスト者の生き方だというのです。もちろん神様の助けがなければできない生き方です。そして、できるかぎり、相手の態度や言葉、行為を問題にするのではなく、すべての人と常に平和に生きる努力を続けていくことが大切です。すべての人と平和に生きることが現実に可能かどうかが問題なのではなく、平和を保って生きる努力をしていくかどうかがいつも問われているということです。

すべての人と平和に生きること、これが人間関係の目標です。かなりの心がけと神様の助けがなければ実現は不可能でしょう。

真の赦しとは

七回どころか七の七十倍までも赦しなさい。

そのとき、ペトロがイエスのところに来て言った。「主よ、兄弟がわたしに対して罪を犯したなら、何回赦すべきでしょうか。七回までですか。」イエスは言われた。「あなたに言っておく。七回どころか七の七十倍までも赦しなさい。そこで、天の国は次のようにたとえられる。ある王が、家来たちに貸した金の決済をしようとした。決済し始めたところ、一万タラントン借金している家来が、王の前に連れて来られた。しかし、返済できなかったので、主君はこの家来に、自分も妻も子も、また持ち物も全部売って返済するように命じた。家来はひれ伏し、『どうか待ってください。きっと全部お返しします』としきりに願った。その家来の主君は憐れに思って、彼を赦し、その借金を帳消しにしてやった。ところが、この家来は外に出て、自分に百デナリオンの借金をしている仲間に出会うと、捕まえて首を絞め、『借金を返せ』と言った。仲間はひれ伏して、『どうか待ってくれ。返すから』としきりに頼んだ。しかし、承知せず、その仲間を引っぱって行き、借金を返すまでと牢に入れた。仲間たちは、事の次第を見て非常に心を痛め、主君の前に出て事件を残らず告げた。そこで、主君はその家来を呼びつけて言った。『不届きな家来だ。お前が頼んだから、借金を全部帳消しにしてやったのだ。わたしがお前を憐れんでやったように、お前も自分の仲間を憐れんでやるべきではなかったか。』そして、主君は怒って、借金をすっかり返済するまでと、家来を牢役人に引き渡した。あなたがたの一人一人が、心から兄弟を赦さないなら、わたしの天の父もあなたがたに同じようになさるであろう」

（マタイによる福音書18章21～35節）

無限の赦し

ホスピスで、患者さんのいろんなお話をうかがってきました。ベッドの上で過去の日々を思い出している方が多く、自分の人生を分かち合ってくださいます。人生につきものなのが、嬉しい楽しいことばかりでなく、後悔と傷ついた思い出です。

人間関係で傷ついた思い出は、誰もが持っているのではないでしょうか。そして心が傷つくとき、人は必ず「怒り」を感じるのです。この怒りは人の心に残り続けます。ホスピスのベッドの中で、どうしたら怒る心を静めることができるのでしょうか、と問われます。七〇代の男性の患者さんは、かつての上司、当時部長だった方に、人生を狂わされたと怒っていました。「その人がここに来て、土下座をして謝ってくれたら、許してやってもいい」と言われるのですが、そんな人は見舞いに来ません。通常、傷ついた人はいつまでも覚えていますが、傷つけた人は忘れていることが多いのです。リストラされた経験を持っている人は、「社長の家を燃やしに行きたい」と言いました。

長年心から消えず、持ち続けてきた怒り、それをどう処理していいのかわからず、平安な死を願って悩んでいる人が、ホスピスにはたくさんいます。

イエスの弟子のペトロが、イエスに尋ねました。「兄弟がわたしに対して罪を犯したなら、何回赦すべきでしょうか。七回までですか」と。

当時ユダヤ教のラビたちは三度まで赦すことを教えていました。そしてイエスが「一日に七回あなたに対して罪を犯しても、七回、『悔い改めます』と言ってあなたのところに来るなら、赦してやりなさい」（ルカによる福音書17章4節）と、かつて言われたことを心にとめて、ペトロは七回までですかと問うたのでしょう。ペトロは回数にこだわりを持っていたようです。七回は赦すが、それを超えたら怒ってもよいとイエスは言ったわけではありませんでした。それを見抜いたイエスは、七回を七〇倍するまでと言ったのです。これは四九〇回赦すという意味ではなく、無限に赦すという意味です。ユダヤ人にとって七という数字は完全を意味する数字であり、その七〇倍というのは、無限を意味しました。回数にこだわる赦し方ではなく、無限に赦すことが、真の赦しであるというのです。

罪の負債

そこでイエスは、「真の赦し」について、たとえをもって語られました。

一万タラントン借金をしている家来がいました。一タラントンとは六千デナリオン、一デナリオンは当時の一般の労働者の一日分の賃金に相当します。ですから一万タラントンとは、考えられないぐらい巨額な金額でした。自分の持っているものすべてをもってでも償い切れない罪の負債を持っているのが、実は私たちの姿であるというのです。そして決済が行われてはじめてわかるように、私たちはこの負債の事実を神様によって示されるまで気づかないのです。

「罪の負債」とは、刑に服する罪だけを指しているのではなく、すべてをご存知である神様が望んでいない生き方を私たちがするとき、負債を負うことになります。誠実に生きているようでも、心の中で腹を立てたり、不満を持ったり、悪意を持ったり、人を裁いたりしたとするならば、それも神様は見ておられるのです。罪の負債は知らないうちに大きなものになっているに違いありません。

そして、膨大な負債の事実を知ったとしても、それを自分の力で返すことなどとてもできないのです。その負債は神様の憐れみによって赦されるしかありません。

入院中に洗礼を受ける方がいます。自分の人生をふり返ったとき、自分の心も見つめておられるのでしょう。取り返しのつかない出来事や自分の欲やエゴで生きてしまった日々のことを思い出し、人を傷つけてしまったことなどを悔いて、赦されたいと思うとき、そこには一つの道しかないことに気づかれます。死を前にして、自分の力で負債を小さくすることはできません。善行によって赦しを勝ち取ることもできません。神様の一方的な憐れみによって赦されるしかないことに気づいて、洗礼を受けられるのです。

一万タラントン借金をしている家来に返済を求めましたが、ひれ伏して「どうか待ってください」としきりに願っている姿を見て、主君は憐れに思って彼を赦し、その借金を帳消しにしてやりました。

これが神様の憐れみ、神様の愛の姿です。罪の負債を帳消しにしてくださるのです。

ところが、膨大な借金を帳消しにしてもらった家来は、自分の同僚に百デナリオンを貸していました。百デナリオンとは、一万タラントンの六〇万分の一の金額ということになります。彼が同僚に返済を求めると、ひれ伏して「どうか待ってくれ。返すから」としきりに頼んだにもかかわらず、家来は同僚を牢に入れました。このことが主君の耳に入ると、主君は家来を呼びつけ、自分の借金を帳消しにしてもらっているのに、それとは比べものにならないくらい少ない同僚の借金を赦さないのはどういうことかと怒り、家来が借金を返済するまで投獄してしまいました。一万タラントンの借金を返済できる可能性はなく、つまり一生獄につながれるということです。神様からたくさん赦されて生きてきたはずなのに、目の前の小さな過ちを許すことができないのが私たちです。どれだけ多くを神様から赦されてきたかを知っていなければ、感謝の気持ちも生まれてこないでしょう。赦された喜びを知る者だけが、他者をしぶしぶ赦すのではなく、積極的に赦す気持ちになれるのです。

神の赦しと愛

こんな話を聞いたことがあります。

夜中に強盗に入ったところ、その家に住む息子が気づいてしまい、強盗犯はその息子を殺してしまいました。強盗犯は捕まり、刑務所に入りました。一人息子を失った母親の悲しみは大きく、とても犯人を許せる気持ちになれませんでした。人を憎むとき、人はエネルギーを消耗します。息子を失っただけでもつらいのに、さらに憎む気持ちを持って生きるのがどれほど苦しいことか。その母親は苦しんだ末に、友人から届いた聖書を読むようになりました。何度も読むうちに、聖書が語る「罪」そして「神の赦しと愛」にふれるようになり、それを深く理解できるようになったのです。やがて刑務所にいる犯人に手紙を書ける気持ちになっていました。こうして文通が始まったのです。聖書を読み進めるうちに、母親は神の光に照らされて、自分がどんなに膨大な負債を神様から赦されているかを知ることができたからこそ、犯人と文通という形で対話することができるようになりました。時間はかかりましたが、母親は犯人との心の交流の末に、大きな憎しみから解放され、出所した犯人の社会復帰のお世話ができるまでになりました。

考えられないようなお話ですが実際にあった話です。どんなに深く強い怒りであったとしても、その怒りから解放される道はあります。

怒りに対する真の解決とは、怒りを忘れることでも、考えないようにすることでもありません。怒りから本当に解放され、平安な気持ちで生きるためには、赦す道しかありません。

怒りを抱いている相手を赦すことができるかということは、人間にとって永遠のテーマです。ときには不可能にさえ思えます。それでいて、赦すことで怒りから解放されて自由になりたいという願望があります。

真の赦しは、神様との関わりの中にあるのです。

6 神の愛を感じるとき

わたしは、世にいる間、世の光である。

さて、イエスは通りすがりに、生まれつき目の見えない人を見かけられた。弟子たちがイエスに尋ねた。「ラビ、この人が生まれつき目が見えないのは、だれが罪を犯したからですか。本人ですか。それとも、両親ですか。」イエスはお答えになった。「本人が罪を犯したからでも、両親が罪を犯したからでもない。神の業《わざ》がこの人に現れるためである。わたしたちは、わたしをお遣《つか》わしになった方の業を、まだ日のあるうちに行わねばならない。だれも働くことのできない夜が来る。わたしは、世にいる間、世の光である。」こう言ってから、イエスは地面に唾《つば》をし、唾で土をこねてその人の目にお塗りになった。そして、「シロアム――『遣わされた者』という意味――の池に行って洗いなさい」と言われた。そこで、彼は行って洗い、目が見えるようになって、帰って来た。近所の人々や、彼が物乞いをしていたのを前に見ていた人々が、「これは、座って物乞いをしていた人ではないか」と言った。「その人だ」と言う者もいれば、「いや違う。似ているだけだ」と言う者もいた。本人は、「わたしがそうなのです」と言った。そこで人々が、「では、お前の目はどのようにして開いたのか」と言うと、彼は答えた。「イエスという方が、土をこねて私の目に塗り、『シロアムに行って洗いなさい』と言われました。そこで、行って洗ったら、見えるようになったのです。」人々が「その人はどこにいるのか」と言うと、彼は「知りません」と言った。

（ヨハネによる福音書9章1～12節）

◇神様が力を発揮するとき

ホスピスの患者さんが時々、言われる言葉があります。

「なぜ、がんになったんだろうな」

病気になった原因がわからないというのです。健康には注意してきたのに、食事もきちんと取ってきたのに、誠実に生きてきたのに、どうして病気になってしまったのだろうと嘆かれます。原因に心あたりがないというのは、なんとも現実を受けとめ難く、病める方は、原因を探し求めようとされます。定期的に健診をしていたのに、医師が病気を見落としたに違いないとか、最初の病院選びがよくなかったと言い出され、病気になった原因追求からさらに、手遅れになった原因を医師や病院のせいにしようとすることもあります。

なぜ、人は病気になるのでしょうか。ある宗教によっては、病気は先祖の祟《たた》りであると考えたり、本人の生き方がよくないことからくる罰と考えたりするようです。また住居の方角や、結婚時の相性から病気になる可能性を、占いで言われることもあるようです。

生まれつきの盲人を見て、弟子たちはイエスに尋ねました。目が見えないのは、本人のせいか、両親のせいかと。そのとき、イエスは弟子たちにとって予想外の返答をされました。「本人が罪を犯したからでも、両親が罪を犯したからでもない。神の業がこの人に現れるためである」と。

肉体の不幸は罪の報いであるという伝統的な考え方をイエスは退けて、まったく違った視点から答えられました。まず、病気は本人が犯した罪や両親を含めた先祖の罪を背負ったがゆえの罰を受けている姿ではないということです。ですから、誠実に生きていても病気になることはありますし、病いを持って生まれることもあるのです。そして、イエスは「神の業がこの人に現れるためである」と言われました。私たちは人生の中でいろいろなことを体験します。嬉しいことや楽しいことは受けとめやすいのですが、苦しいこと、つらいこと、悲しいことは嫌なことであり、どう受けとめたらいいのかわからず、苦悩の種になります。そんなとき私たちは、その嫌なことがなぜわが身に起きたのかと、考えめぐらします。ところが神の目から見ると、この不合理・不条理のゆえに、神様がわれわれのために働ける絶好のチャンスになるというのです。不合理・不条理であればあるほど、はっきりと見える形で神様が力を発揮される機会になります。

イエスは地面に唾をし、唾で土をこねてその人の目にお塗りになりました。古代には、つばきは治癒能力があると信じられていました。イエスはさらに、その盲人に「シロアムの池に行って洗いなさい」と命じました。イエスの奇跡、つまり神様の力ある働きは、神様からの一方的な働きかけで完成するものではなく、私たちにも行動が要求され、神様の言葉を信じてその通り生きてみるときに、神様の業にあずかることができるということです。

この盲人は、イエスに言われた通り、シロアムの池に行って洗い、目が見えるようになって帰って来ました。生まれつき盲人の人が見えるようになったという経験は、どんなに大きな喜びだったことでしょう。まったく見えない状態から、見える状態になるということは何を意味しているのでしょうか。

❖霊的開眼

信仰を持って生きるとは、霊的視力を神様によって回復していただいて、霊眼が開かれるようになって生きることを言います。つまり、当時、ユダヤ人たちは霊的盲目のゆえにイエスが神から遣わされた方であることを認めていませんでした。それゆえに、イエスはこの奇跡を通して、霊的開眼を提供しようとされました。

神様の業に気づけぬ霊的盲目の状態にあるとき、自分の力で開眼することはできません。神様の力で開眼してもらうしかないのです。そして霊的開眼は、信仰の大きな体験であり、それはキリストの私たちのための贖《あがな》いの死を信じることによって与えられます。

生まれつき盲人の人が目が見えるようになって帰って来たとき、ある人々は彼が同一人物かどうか疑うほどでした。私がその人ですと言っても、なお戸惑って「では、お前の目はどのようにして開いたのか」と問いかけました。

霊的開眼によって、同一人物であるとは思えないほど大きな変化が現われます。信仰を持って生き始めると、以前にはなかった内面の輝きを放つ姿を見ることがあります。

四〇代の女性の患者さんは、がんに罹って、やがてホスピスに来られました。クリスチャンの友人がよくお見舞いに来てくれて、お見舞品としてもらった聖書を少しずつ読むようになりました。死と向き合い、病気になった彼女は、元気だった頃、一度教会の礼拝に行ったことがありましたが、そのときは心に残るものがありませんでした。しかし、今は聖書の言葉が心の中に浸み込むように入ってきました。友人の助けもあって、彼女は今まで見えていなかった世界が広がっていく喜びを感じるようになりました。神様の光に照らされて初めて見えた自分の罪、そして、そのために身代わりとなってくださったキリストの十字架と大きな神様の愛に目を開かれた思いでした。そして自ら望んで洗礼を受けました。

入院して来られたときの彼女と、信仰を持たれてからの彼女は、何かが違うとナースたちは感じていました。決して病状が良くなったわけではありません。しかし、彼女の表情は明るく優しく、そして楽しそうに生きているように見えました。神様に赦され愛されていることに気づかされ、それを知って生きている人の喜びを彼女は持てるようになったのです。

聖書の中に出てくる盲人の取り巻きの人々のように、ナースたちは彼女に問いかけていました。

「どうして楽しそうに生きられるようになったのですか」

するとこう答えました。

「聖書を読んでいるうちに、今まで見えていなかったものが見えるようになり、気づけるようになり、神様の愛を感じられるようになったからよ」

お前のあの弟は死んでいたのに生き返った。いなくなっていたのに見つかったのだ。祝宴を開いて楽しみ喜ぶのは当たり前ではないか。

また、イエスは言われた。「ある人に息子が二人いた。弟の方が父親に、『お父さん、わたしが頂くことになっている財産の分け前をください』と言った。それで、父親は財産を二人に分けてやった。何日もたたないうちに、下の息子は全部を金に換えて、遠い国に旅立ち、そこで放蕩《ほうとう》の限りを尽くして、財産を無駄使いしてしまった。何もかも使い果たしたとき、その地方にひどい飢饉が起こって、彼は食べるにも困り始めた。それで、その地方に住むある人のところに身を寄せたところ、その人は彼を畑にやって豚の世話をさせた。彼は豚の食べるいなご豆を食べてでも腹を満たしたかったが、食べ物をくれる人はだれもいなかった。そこで、彼は我に返って言った。『父のところでは、あんなに大勢の雇い人に、有り余るほどパンがあるのに、わたしはここで飢え死にしそうだ。ここをたち、父のところに行って言おう。「お父さん、わたしは天に対しても、またお父さんに対しても罪を犯しました。もう息子と呼ばれる資格はありません。雇い人の一人にしてください」と。』そして、彼はそこをたち、父親のもとに行った。ところが、まだ遠く離れていたのに、父親は息子を見つけて、憐れに思い、走り寄って首を抱き、接吻した。息子は言った。『お父さん、わたしは天に対しても、またお父さんに対しても罪を犯しました。もう息子と呼ばれる資格はありません。』しかし、父親は僕《しもべ》たちに言った。『急いでいちばん良い服を持って来て、この子に着せ、手に指輪をはめてやり、足に履物を履かせなさい。それから、肥えた子牛を連れて来て屠《ほふ》りなさい。食べて祝おう。この息子は、死んでいたのに生き返り、いなくなっていたのに見つかったからだ。』そして、祝宴を始めた。

ところで、兄の方は畑にいたが、家の近くに来ると、音楽や踊りのざわめきが聞こえてきた。そこで、僕の一人を呼んで、これはいったい何事かと尋ねた。僕は言った。『弟さんが帰って来られました。無事な姿で迎えたというので、お父上が肥えた子牛を屠られたのです。』兄は怒って家に入ろうとはせず、父親が出て来てなだめた。しかし、兄は父親に言った。『このとおり、わたしは何年もお父さんに仕えています。

言いつけに背いたことは一度もありません。それなのに、わたしが友達と宴会をするために、子山羊《やぎ》一匹すらくれなかったではありませんか。ところが、あなたのあの息子が、娼婦どもと一緒にあなたの身上《しんじょう》を食いつぶして帰って来ると、肥えた子牛を屠っておやりになる。』すると、父親は言った。『子よ、お前はいつもわたしと一緒にいる。わたしのものは全部お前のものだ。だが、お前のあの弟は死んでいたのに生き返った。いなくなっていたのに見つかったのだ。祝宴を開いて楽しみ喜ぶのは当たり前ではないか。』」

（ルカによる福音書15章11〜32節）

当たり前のありがたさ

このたとえ話には、二人の息子と父親の姿が描かれています。次男はやがて遺産としてもらうことになっているお金を今くださいと願い出て、それを持って旅に出たというのです。そして、それを全部無駄使いしてしまいました。食べることにも苦労した彼は、豚の世話を得て働いてみるものの、豚のえさすら食べたい欲求にかられるくらい、飢えていました。そんな日々の中で、彼はやっと大切なことに気づいたのです。今まで父親のもとにいたときには、ひもじい思いなどしたこともありませんでした。それが当たり前でした。当たり前が当たり前でないということがわかったとき、彼ははじめて謙虚な気持ちになれたのです。父親に自分がどんなに未熟者であったかを伝え、頭を下げて帰ろうと思えたというのです。

人はどん底に落ちたとき、大切なものが見えてきます。当たり前と思っていたことが実は当たり前ではなかったことに気づくのです。ホスピスで患者さんからよくお聞きしてきた言葉の一つが「健康が当たり前だとずっと思っていました。でも当たり前じゃなかったんですね」。

人は失ってみてはじめて、当たり前のありがたさや人生の本当の幸せがわかります。日々の生活の中で、心が豊かになる生き方に関心を持ち、今の生き方でいいのかと自分自身に問いかけてみることが、人生の中で大切です。当たり前を当たり前としないで生きるためには、生き方の軌道修正がどうしても必要になってきます。

さて、心から悔いて頭を下げて帰ってきた次男を迎えた父親の喜びようは、とても大きなものでした。帰ってくる姿が見えると、まだ遠くにいるのに、走って行って抱きしめて接吻しました。次男が家を出てからずっと、父親は息子の帰りを待っていたのです。

父親は次男に良い服を着せ、履物を履かせ、ご馳走をふるまい、祝宴の場を設けました。自分の過ちに気づき、頭を下げて帰ってきた息子を、父親はどれほど愛おしく思ったことでしょう。親は子どもの言動の悪さに怒りを覚えることがあったとしても、自分の子どもを憎むということは普通ありません。そして、子どもが自分の過ちを反省して謝るとき、親はそれを許すものです。祝宴まで開いて喜んでいるこの父親の姿の中に、父親が次男を許していること、そして親子の絆は決して損なわれず、次男はしっかり愛されていることがわかります。親の愛というものは、本当にありがたいものです。

ちょうどこの父親と子どもの関係が神様と私たちの関係です。天の父なる神様は、このたとえ話のとおり、私たちを決して見捨てず、赦し、無償の愛で愛し続けてくださる方です。たとえ過った道にそれてしまっても、立ち返るべき生き方に戻る決意をするとき、神様は私たち一人一人を赦してくださいます。そしてやっと生きるべき真の道がわかったんだねと、待ち続けた分、神様の喜びは大きいのです。

一人一人の生き方というものは、誰かが強制するものではありませんが、神様は私たち一人一人が神様を必要としながら生きていくことを望んでいます。

神様とつながった生き方

さて、畑から帰ってきた長男は、宴会が開かれているのを見て、何事かと尋ねました。自分の弟が帰ってきて、父親が盛大に迎え、しかも肥えた子牛を屠ったと聞いて、長男は怒りに震えました。今まで長男が友人と宴会をしたとき、子山羊すら父親はくれなかったのです。今回、弟はすべてを失って落ちぶれて帰ってきたのです。どうしてそんな恥知らずな弟のために、そこまでするのですかと、長男は父親に対して憤りました。

そのとき、父親は長男をなだめました。

「わたしのものは全部お前のものだ。お前の弟は死んでいたのに生き返り、いなくなっていたのに見つかったのだから祝宴を開いて楽しみ喜ぶのは当たり前ではないか」

父親は長男に、ひがむなと言いたかったのでしょう。

親の対応が違うように見えて、子ども同士がひがみを持つということがあります。近年、子どもたちが故郷を離れて学校に入学し、就職し、結婚するケースが多く見られます。親が病気になったとき、どうしても故郷にとどまっている子どもや比較的近くに住んでいる子どもが中心となって世話をすることになります。親の世話をする子どもは、いろいろな犠牲を払って親の介護や世話をします。そのうえ、親は言いやすいのか甘えなのか、世話をしている子どもに対しては文句も不満も言います。

ところが、遠方の子どもがたまに会いに来るときは、心待ちにして、「よく来てくれたね」と優しく声をかけ、来てくれただけで喜ぶのです。世話をしている子どもは、母親が「来てくれてありがとう。気をつけて帰りなさい」と言っているのを見て、「毎日来ている私には『よく来てくれたね。気をつけて帰りなさい』なんて一度も言ってくれたことがないのに、たまにしか来ない妹にはどうしてそんなに優しくできるのよ！」と腹を立てている長女の姿を、ホスピスで見たことがありました。

手元にいる子どもは親の気持ちがわかっているはずだと親は甘えてしまうのでしょう。親は決して分け隔てをしているわけではありませんが、親は手元にいる子どもにもきちんと思いを言葉にして日頃から伝えておくことが大切です。

聖書の話に戻りましょう。父親が次男について語った「死んでいたのに生き返った」とか「いなくなっていたのに見つかった」という表現が大げさだと思いませんか。

父親にとって、それぐらい次男が帰ってきたのが嬉しかったのです。たんに帰ってきただけでなく、自分を見つめ、「お父さん、わたしは天に対しても、またお父さんに対しても罪を犯しました。もう息子と呼ばれる資格はありません。雇い人の一人にしてください」と道を正そうと帰ってきた次男の謙虚な心にふれて、父親は祝宴を開きたいくらい嬉しかったのです。

息子が放蕩をしているときは、どんなに説教をしても心に届かず、ずっと心配しっぱなしだった。それがやっと息子が帰ってきた、しかも生き方を改めて。親の思いが届いた瞬間といったらよいのでしょうか。今までの苦労と心配が全部、報われた喜びです。

この世の親ですら、心を入れ替えた息子の生き方に大きな喜びを感じるのですから、天の父なる神様の喜びは、「死んでいたのに生き返った」「いなくなったのに見つかった」喜びということになるのでしょう。

神様を恐れず、自分の欲にまかせて生きる道から、神様を仰ぎみて、神様が望む生き方に変わるとき、天上では大きな大きな喜びがあります。神様とつながった生き方によって、やっと自分が自分でいられる喜びと愛されているゆえの安心を得ることができます。

行かせることはない。あなたがたが彼らに食べ物を与えなさい。

イエスはこれを聞くと、舟に乗ってそこを去り、ひとり人里離れた所に退かれた。しかし、群衆はそのことを聞き、方々の町から歩いて後を追った。イエスは舟から上がり、大勢の群衆を見て深く憐れみ、その中の病人をいやされた。夕暮れになったので、弟子たちがイエスのそばに来て言った。「ここは人里離れた所で、もう時間もたちました。群衆を解散させてください。そうすれば、自分で村へ食べ物を買いに行くでしょう。」イエスは言われた。「行かせることはない。あなたがたが彼らに食べ物を与えなさい。」弟子たちは言った。「ここにはパン五つと魚二匹しかありません。」イエスは、「それをここに持って来なさい」と言い、群衆には草の上に座るようにお命じになった。そして、五つのパンと二匹の魚を取り、天を仰いで賛美の祈りを唱え、パンを裂いて弟子たちにお渡しになった。弟子たちはそのパンを群衆に与えた。すべての人が食べて満腹した。そして、残ったパンの屑《くず》を集めると、十二の籠《かご》いっぱいになった。食べた人は、女と子供を別にして、男が五千人ほどであった。
（マタイによる福音書14章13〜21節）

✣何を優先するか

あまりにも多忙な日々を送っているとき、私たちはその場から離れて、一人になりたいと思うことがあります。また、大切な場面を前にして、一人で考える時間を持ちたいと思うこともあるのではないでしょうか。

お寺の住職さんが、ホスピスに入院して来られました。歓迎をこめて、スタッフたちがご挨拶にうかがいました。最後に挨拶にうかがった私に、住職さんはこう言われました。

「次から次へと、私を温かく迎えていただき誠にありがたいことです。しかし私はここに静けさを求めてやってきました。一人になる時間がほしいと思っています。一人で考える時間、無になる時間が必要です」

死と向き合って、一人でいるのが寂しいという人もいます。しかし、人は自分の心を治めるために一人になることも大切です。

つねに人に囲まれていたイエスも、取り巻きからこっそり抜け出して一人になろうとしましたが、群衆が追いかけてきたというのです。やっと仕事が終わってくたくたで帰ろうとしたとき、部下から「ご相談したいことがあるのですが」と言われたら、今日はもう帰らせてちょうだいと心の中で叫んでしまいそうになります。ところがイエスは違います。追いかけてきた群衆を見て彼らの必要を悟り、対応されたのです。イエスは自分の必要をさしおいて、他者の必要を優先すべきときを知っておられました。良き働きを継続するために、私たちは心の休息の時間を持つ必要がありますが、今目の前に起こっている必要に、今対応することが必要なときがあります。自分の必要を横に置いて、目の前のことに即座に心を寄せることは、私たちにとって簡単ではありません。

さて、夕暮れになったので弟子たちはイエスに言いました。「群衆を解散させてください。そうすれば、自分で村へ食べ物を買いに行くでしょう」。

ところがイエスは、「あなたがたが彼らに食べ物を与えなさい」と言われました。イエスは群衆を空腹のまま帰らせたくなかったのです。群衆とは私たちのことです。空腹のまま帰らされることはない、というのがイエスと共に生きる人生です。どんなときも私たちは豊かな恵みの中にいるのです。

一方、弟子たちは、これまでイエスが行った数々の奇跡を目撃してきたにもかかわらず、これだけ多くの群衆を食べさせるのは不可能だと考えたのです。五つのパンと二匹の魚は男だけでも五千人、女性と子供を加えれば一万人以上だったかもしれない人々に対して、あまりにも少なすぎます。ところが、イエスが五つのパンと二匹の魚を取り、天を見上げてそれらを祝福し、裂いて弟子たちに渡し、弟子たちが群衆に配るとみんなが満腹になり、さらにパンの屑が一二の籠にいっぱいになりました。次々とパンが増えていったというのです。弟子たちにとってどんなに驚くべきことだったことでしょう。

不可能を可能にする力

ホスピスに入院されている患者さんが、時々「奇跡」という言葉を使われます。もう手遅れの末期がん患者になってしまっていることを自覚し、近い将来の旅立ちを覚悟していても、まだ奇跡が起こるのではないかという希望が心の中にあります。

「奇跡」という言葉を使うとき、それは通常人間の力では起こらないことを意味しています。人知を超えたわざと言ったらよいのでしょうか。起こるはずのないことが、人間を超えた力によって実現するということです。

「奇跡という言葉があるということは、本当に起こったことがあるからだよ」と言われた患者さんがいました。

この聖書の箇所を見ると、本当に考えられないことが起こっています。パン五つと魚二匹しかないと弟子たちががっかりしていたとき、イエスは「それをここに持って来なさい」と言いました。イエスの手に渡されると、たちまちたくさんの人々を満腹させることができる量になったのです。まさに奇跡です。人間には不可能なことでも、神様には可能なことが起こったのです。日頃信仰心がないように見える人でも、追い込まれた人生の場面で、「奇跡が起こりますように」と言って手を合わせる方や、奇跡が起こるようにと祈っている方がいます。神様は時々、私たちに試練を与え、不可能を可能にする全能の神様を求める恵みをくださるのです。

病いのために人生の終末期を迎えているとき、心は悩みや不安や心配で一杯になります。どんなに考えても自分の力では解決できないことばかりです。そんなとき、その重荷を自分のところに持ってきなさい、とイエスは言っておられます。

旅立つ日が近いことを悟ったホスピスの患者さんには、大きく分けて二つの生き方があります。自分で解決できない悩みを最後まで持ち続けるタイプ、自分で解決できないと認めて、解決できる力のある方にまかせるタイプです。まかせることができれば、それ以上苦悩することなく、心に平安を保つことができるのではないでしょうか。

人生の重荷を一人で背負おうとせず、場合によっては手離すことができれば、どんなときにも希望を持つことができます。

信仰の成長

あなたは、冷たくもなく熱くもない。むしろ、冷たいか熱いか、どちらかであってほしい。

わたしはあなたの行いを知っている。あなたは、冷たくもなく熱くもない。むしろ、冷たいか熱いか、どちらかであってほしい。熱くも冷たくもなく、なまぬるいので、わたしはあなたを口から吐き出そうとしている。

（ヨハネの黙示録3章15〜16節）

信仰者の覚悟

透析をしている患者さんは水分制限があって、好きなだけ水分を取ることはできません。毎日決められた量しか摂取できないので、飲んだとき、もっと飲みたくならないように、少量でも満足できる飲み方をしなければならないそうです。ある患者さんは「熱いか冷たいかの飲み物であれば少量でも十分に飲んだ気になれる。しかしなまぬるいと、もっともっと飲みたい欲求にかられる」とおっしゃいました。

聖書のこの箇所で言われている「なまぬるい」とは、信仰のなまぬるさのことです。ここでは私たちの信仰の真剣さを問われています。冷たいか熱いかどちらかであってほしい。つまり、キリストに反対するにせよ信仰するにせよ、中途半端になってはいけないと諫めているのです。熱心なユダヤ教徒であったパウロは最初、イエスに従う者たちを激しく迫害しました。しかし、回心によって悔い改めたあとは驚くほど熱心なキリスト教の伝道者になりました。なまぬるさには程遠い生き方の例です。中途半端な生き方からは何も生まれてこないのです。

マタイによる福音書14章22~33節に、次のような記事が記されています。

大きな奇跡を終えた後、イエスは祈るために一人山に登り、身を隠されました。弟子たちは舟に乗っていましたが、逆風のために波に悩まされていました。おおよそ九時間ほどこぎ続けていました。夜が明ける頃、イエスは湖の上を歩いて弟子たちのところへ行かれました。弟子たちはそれを見て、幽霊だと思い、おびえて恐怖のあまり叫び声をあげました。イエスはすぐに、「安心しなさい。わたしだ。恐れることはない」と言われました。その励ましの声を聞いて、ペトロはイエスが水の上を歩いておられるように、自分もそうさせてくださいとお願いをしました。イエスは「来なさい」と言われたので、ペトロは舟から降りて水の上をイエスの方へ進みました。しかし途中で強い風に気がついて怖くなり、沈みかけたので、「主よ、助けてください」と叫んだのです。イエスはすぐに手を伸ばして捕まえ、「信仰の薄い者よ、なぜ疑ったのか」と言われました。そして二人が舟に乗り込むと、風は静まりました。

イエスを凝視する

ペトロは生まれながらのお調子者だったようです。イエスが水の上を歩いておられるのを見て、自分も歩いてみたいという思いを衝動的に持ったのでしょう。しかし、強い風に気がついたとき、怖くなり、沈みかけました。つまり、イエスから目を離したのです。洗礼を受けて信者になり、教会に足を運び、奉仕活動をしていたとしても、イエスから目を離した生活をしているならば、それはなまぬるい信仰ということになります。信仰者として熱くなるということは、イエスを凝視して生きるということです。

ふっとイエスから目を離した瞬間に、私たちは心に疑いや迷い、不安、恐れを持ってしまいます。イエスをしっかりと見続ける道以外に、平安に生きる道はありません。目をそらせてはいけないのです。しかし、私たちは何度も失敗をし、過ちをおかします。そのたびにペトロのように「主よ、助けてください」と叫ぶことになります。イエスは根気強く私たちの叫びにこたえ、何度も私たち一人一人の人生の舟に乗り込み、風を静めてくださるのです。

イエスはペトロに言われました。

「信仰の薄い者よ、なぜ疑ったのか」

イエスはペトロのなまぬるい信仰にがっかりされたことでしょう。情けない思いを持たれたに違いありません。しかし、決して見捨てるような冷たい言い方ではなく、ペトロの信仰が深まり熱くなっていくことを願って諭されているように聞こえます。

二人が舟に乗り込むと、風は静まりました。それを見て体験した舟の中にいた人たちは、「本当に、あなたは神の子です」と言ってイエスを拝んだのです。私たちは失敗や過ちをおかしても、すぐさまイエスに目を向け続けると、イエスの助けを体験することができます。失敗や過ちは信仰が深まるチャンスでもあります。

「魔がさす」という言葉があります。ふとイエス以外に心が向き、イエスのことを疑うとき、人生という舟は大きく揺れ始めます。魔がさすような信仰はなまぬるい信仰です。

「わたしはあなたを口から吐き出そうとしている」

今のうちに悔い改め、助けを求めるなら、吐き出されなくてもすみます。ペトロのように「主よ、助けてください」と叫ぶ者を必ず助けてくださるイエスの深い愛を信じましょう。

十字架の意味

わたしたちが、罪に対して死んで、義によって生きるようになるためです。

あなたがたが召されたのはこのためです。というのは、キリストもあなたがたのために苦しみを受け、その足跡に続くようにと、模範を残されたからです。

「この方は罪を犯したことがなく
その口には偽りがなかった。」

ののしられてもののしり返さず、苦しめられても人を脅さず、正しくお裁きになる方にお任せになりました。そして、十字架にかかって、自らその身にわたしたちの罪を担ってくださいました。わたしたちが、罪に対して死んで、義によって生きるようになるためです。そのお受けになった傷によって、あなたがたはいやされました。あなたがたは羊のようにさまよっていましたが、今は、魂の牧者であり、監督者である方のところへ戻って来たのです。

（ペトロの手紙一 2章21～25節）

救いとは

あるとき、患者さんから問われました。

「救いってなんですか」と。

その方は元気だった頃、プロテスタントの教会の日曜日の礼拝によく行っていたそうです。そのとき、牧師や信者さんが、祈りや証し、説教の中でよく「救い」という言葉を使っていたというのです。

救いとは、「魂の救い」（ペトロの手紙一1章9節）のことです。これは私たちの努力で勝ち取るものではなく、与えられるもの、いただくものです。

魂の救いは、「イエス・キリストによる救い」（テサロニケの信徒への手紙一5章9節）と言われています。つまりイエス・キリストによって与えられる救いにあずかることによって、天国への道が開かれるということです。

イエス・キリストによる救いとは、十字架にその深い意味があります。

キリスト教の教会には、チャペルに必ず十字架が掲げられています。プロテスタント教会では十字のシンボルだけになっていますが、カトリック教会では、十字架上にイエスの磔刑《たっけい》像がついているものが掲げられています。信者でない頃、薄暗くなった時刻に、教会の中に入ってイエスの磔刑像を見たとき、なんとも言えない不気味な気持ちになったことを覚えています。しかし今は、あのご像を見るたびに、熱い思いが込み上げ、心が支えられます。不気味だったものが、なぜありがたいものになったのでしょうか。それは十字架が持つ意味を知ったからです。今でもよく信者でない方から聞かれます。「どうしてクリスチャンは十字架を大事にするのですか。十字架のネックレスをしたりしている人がいますよね」と。

イエスの十字架は、私たちの罪をその身に負われる姿です。ここで言う「罪」とは、法を犯した罪に限らず、いのちを与えてくださった神様のことを考えずに生きることから生じる、人間のエゴに振り回される言動すべてのことです。たとえ相手に言わなくても、心の中で「死んでくれたらいいのに」と思うのは、神様の目から見ると、言ったことと同じです。意地悪な言動も、自分のエゴに振り回された罪深い姿です。そうした私たちがおかすすべての罪を背負ってイエスは十字架にかかり、神様の怒りを身代わりとなって受けてくださいました。イエス・キリストの十字架の死は、贖罪《しょくざい》の死でした。それは、私たちの心が罪から離れて、神様と共に正しい道を生きるためです。ペトロは「そのお受けになった傷によって、あなたがたはいやされました」と記しています。キリストの身代わりの死によって人は救われ、キリストの打ち傷によって魂の傷がいやされるのです。

さらに、この十字架によって、私たちは神様との深い関係を取り戻すことができます。さまようような行き当たりばったりの生き方、自分のエゴに振り回された生き方から、魂がいやされて神様と共に生きる生き方へチェンジをすること、この救いを体験することが天国への道です。

救いを体験した者は、神の力である霊の導きに従って歩み、喜び、平和、寛容、親切、善意、誠実、柔和、節制という実（ガラテヤの信徒への手紙5章22、23節）を得ることができます。救われた者は、内側から新しく造り変えられ、今までとは違った新しい動機づけが与えられるのです。欲望のままに生きたいという古い自分と戦わなければならないこともありますが、救われた者としての自覚が、いつも正しい導きと助けを求めようとします。

私たちは天国への階段をひたすら自らの努力で駆け上がっていくことはできません。天国は招かれてこそ入場できるのです。招かれる条件は、イエス・キリストの十字架は私の罪の身代わりであったと信じる信仰です。そして救いを受けた者、魂がいやされている者がそこに入ることができます。

救いにあずかりたいと願うことに、遅すぎることはありません。あなたがその気にさえなるならば、神様は求める者に信仰を与えてくださいます。

7

よき援助者になるために

喜ぶ人と共に喜び、泣く人と共に泣きなさい。

愛には偽りがあってはなりません。悪を憎み、善から離れず、兄弟愛をもって互いに愛し、尊敬をもって互いに相手を優れた者と思いなさい。怠らず励み、霊に燃えて、主に仕えなさい。希望をもって喜び、苦難を耐え忍び、たゆまず祈りなさい。聖なる者たちの貧しさを自分のものとして彼らを助け、旅人をもてなすよう努めなさい。あなたがたを迫害する者のために祝福を祈りなさい。祝福を祈るのであって、呪ってはなりません。喜ぶ人と共に喜び、泣く人と共に泣きなさい。

（ローマの信徒への手紙12章9〜15節）

❖「他人事」と「わが事」

一九九五年一月一七日、私は自宅で震度七の大きな揺れを体験しました。阪神淡路大震災は私の人生の中で、決して忘れることのできない記憶となりました。震災後、不自由な生活となり、職場への通勤には大変苦労しました。水もガスもストップしてしまい、お風呂にも入れず、続く余震に恐れる日々、病院では運ばれてくる方々への対応に切り替わり、身も心も疲れすぎてかえって疲れを感じない状態になっていました。

震災から一カ月たったそんな頃、奈良県へ講演に行く予定を果たすために、会場へ向かっていました。震災後、兵庫県を出たことのなかった私は、大阪を越えて奈良入りするとき、震災の影響をまったく受けていない平穏な町並みを見て、別世界に来たような気持ちになりました。その当時、出勤する道のりでは崩れた建物ばかりを見ていましたので、平和な町の様子やおしゃれをして町を歩いている人々の姿は、私にはまぶしく見えました。

奈良県のある駅からタクシーに乗って会場に向かいました。会場まではタクシーで約二〇分です。タクシーのラジオからは大震災の様子が流れていました。はじめは黙って聴いていた運転手さんが急に話し出しました。

「大地震、大変ですねえ。私も神戸あたりに家を持ちたいと思って、以前、神戸や阪神間の土地を見に回ったことがあるんですよ。でも満足するものがなくて奈良に家を建てたんですが、あのとき神戸に家を建てなくてよかったと今つくづく思いますね」

運転手さんに悪気などありません。私が被災地から来ていることを知らずに話されたのでしょう。でもその話は私をとても寂しい気持ちにさせました。

「他人事《ひとごと》」と「わが事」という言葉があります。運転手さんにとって神戸の震災は他人事であってわが事ではなかったのでしょう。今までしっかりしていた近所のおばあさんが認知症になって施設に入ったと聞くと、自分の親はまだしっかりしていてよかったと思います。知人から子どもが登校拒否で困っていると聞くと、自分の子どもは学校に行ってくれていてよかったと思います。このように、私たちはなかなか他者の悩みや悲しみや苦しみを、わが事として考え、受けとめることができません。

わが事として受けとめることのできる人にどうしたらなれるのでしょうか。

✧心が自由であること

「泣く人と共に泣きなさい」という言葉は単に共感するという意味ではありません。「気の毒」「かわいそう」という言葉で傷ついた経験のある方もいらっしゃることでしょう。

他者の悲しみに触れるとき、私たちはまずどう対応していいのか悩みます。悲しみの深さを他の悲しみと比べてしまうこともあります。「もっとつらい思いをしている人だって頑張っているんだから」と言われると人は傷つきます。泣いている人の話の内容から、自分の悲しみを重ねて泣いてしまうことがあります。大切な人を失って泣いている人の話を聞きながら、自分が大切な人を失ったときのことを思い出して涙が出ることがあります。

相手が泣いている姿に情が働いて自分も泣いてしまう「もらい泣き」という言葉があります。ホスピスで患者さんや家族の方が、相談に乗った看護師さんが一緒に泣いてくださって嬉しかったと言われることがあります。このときの涙は、相手の心に慰めを届けることができたということです。しかし泣かれて違和感を感じることもあれば、戸惑うこともあります。もらい泣きで必ずしも相手を励ますことはできません。相手に寄り添うあり方が大切になってきます。泣いている人の立場や状況をかぎりなく想像する努力が必要です。思い込みを避けて、相手の話を集中して聴く中で、相手の悲しみを正しく理解することが大切です。

悲しい思いをしているとき、周りのアドバイスは耳に入りません。むしろ、「こんな思いは他の人にわかるはずがない」とさえ思ってしまいます。そんな素直になりきれない心に慰めが届くとするならば、語り尽くされた言葉ではなく、一粒の涙かもしれません。

「喜ぶ人と共に喜ぶ」ことは、泣くことよりはやさしいかもしれないと思うかもしれません。一緒に盛り上がればいいと考えると簡単に思えます。しかし喜ぶとは、相手が幸せであることを認めて「よかったね」と伝えることです。相手の喜びを素直に受けとめて、何の抵抗もなく一緒に喜ぶことです。例えば、自分の子どもが志望校に合格したら、親は心から一緒に喜ぶことができるでしょう。しかし、自分が不合格だった大学に友人が合格したらどうでしょう。心の底から喜びを共にできますか。

二〇歳の男性の患者さんは入院中にキリスト教に関心を持ち、病室で洗礼を受けました。悪性脳腫瘍のために両手足の麻痺が進み、唾液すら飲み込むことのできない不自由な姿で生活をしていました。

旅立つ一カ月前に、彼は入信した思いを次のように分かち合ってくれました。

「入院生活もずいぶん長くなりました。同室の患者さん方は私のおじいさんやおじさん、お兄さんぐらいの年齢の方でしたが、みなさん元気になって次々に退院していかれました。退院時には皆さんが『次は君の番だよ。君は若いから元気になりだしたらきっと早く退院できるよ。頑張って！』と励ましてくれました。最初の頃は、退院していく人に『よかったですね。お体をお大事になさってください』と退院の喜びを共にして、心からそう声をかけていました。ところがいつまでたっても自分は退院できない。それどころか日に日に体の不自由さが増し、病状が悪化していることを感じて、イライラするようになっていきました。すると退院していく人の喜びにふれるのがつらくなったのです。退院していく人を見て、あるときから、いいな、羨ましいな、という感情が出てくるようになり、その思いは次第に妬みへとなっていきました。笑顔で『退院おめでとうございます。お体をお大事に』と言いながらも、心の中では『病気がぶり返して戻ってきたらいいのに』と相手の不幸を願う気持ちすら持つようになっていきました。そんな自分がだんだん嫌になり、体もとても不自由だけれど、人の喜びを共にできない自分の心はなんと不自由なんだろうと思いました。妬みで一杯の心の不自由さをとてもつらく感じたのです。喜ぶ人と喜ぶことはなんと難しいことかとしみじみ思いました。それで自分に何度か課してみました。今度この病室から退院する人が出てきたら、一緒に喜ぶ努力をしてみようと決めたのです。そして何度か試みましたが、妬む気持ちはなくなりません。そんなとき、自分の力でできないことでも神様の力を借りて生きる道があるのだと素直に思えたのです。『そんな君のために十字架にかかったんだよ。一緒に生きようよ』とイエス様が言われているように感じました。だから私は洗礼を受けたのです。洗礼を受けて信者になっても、羨やんだり妬んだりする気持ちがなくなったわけではありません。しかし今の自分は祈ることができます。退院する方と喜びを共にすることができるように、私に平安な心と、『よかったね』と素直に言える力を与えてくださいと祈れることは、以前とは全然違うのです」

冒頭の聖書の言葉は命令形で、それも強い命令を指す言い方になっています。できそうならしてくださいではないのです。神様は私たちがそれを果たすことを強く期待されています。喜ぶ人と共に喜び、泣く人と共に泣くことは、そんな自分になりたいと強く願い、祈る心を持って共に生きるとき、その生き方に近づけるのではないでしょうか。

彼は最後にこう言いました。

「妬みや憎しみ、怒りから解放されて心が自由であることが、人間の本当の幸せだと思います」

真に喜ぶ人と共に喜び、泣く人と共に泣く生き方に自ら意識して近づこうとすればするほど、神様の力を必要としている自分に気づくことでしょう。

よき援助者の資質

わたしたちも神からいただくこの慰めによって、あらゆる苦難の中にある人々を慰めることができます。

神は、あらゆる苦難に際してわたしたちを慰めてくださるので、わたしたちも神からいただくこの慰めによって、あらゆる苦難の中にある人々を慰めることができます。キリストの苦しみが満ちあふれてわたしたちにも及んでいるのと同じように、わたしたちの受ける慰めもキリストによって満ちあふれているからです。わたしたちが悩み苦しむとき、それはあなたがたの慰めと救いになります。また、わたしたちが慰められるとき、それはあなたがたの慰めになり、あなたがたがわたしたちの苦しみと同じ苦しみに耐えることができるのです。

（コリントの信徒への手紙二1章4〜6節）

❖「慰めの器」になるために

苦しい思いをしているとき、尊いアドバイスや激励の前に、まず、慰めが必要ではないでしょうか。心が疲れ切ってしまっているとき、思いやりのある慰めの言葉は、心にしみます。

ここで使われている「慰め」はギリシャ語の「パラクレーシス」という言葉で、「強めること、支えること」を意味しています。意気消沈して倒れそうになっている者を、下から支えて勇気をもたらす慰めです。相手の苦しみを和らげる単なる共感レベルのものではなく、相手が苦難の中から立ち上がり、立ち向かうことができるように勇気をもたらす慰めです。

使徒パウロは、神はあらゆる苦難に際してわたしたちを慰めてくださると語っていますが、パウロは自分の体験からそう言うことができました。パウロは自分の苦難を次のように語っています。

「苦労したことはずっと多く、投獄されたこともずっと多く、鞭打《むち》たれたことは比較できないほど多く、死ぬような目に遭ったことも度々でした。ユダヤ人から四十に一つ足りない鞭を受けたことが五度。鞭で打たれたことが三度、石を投げつけられたことが一度、難船したことが三度。一昼夜海上に漂ったこともありました。しばしば旅をし、川の難、盗賊の難、同胞からの難、異邦人からの難、町での難、荒れ野での難、海上の難、偽の兄弟たちからの難に遭い、苦労し、骨折って、しばしば眠らずに過ごし、飢え渇き、しばしば食べずにおり、寒さに凍え、裸でいたこともありました。このほかにもまだあるが、その上に、日々わたしに迫るやっかい事、あらゆる教会についての心配事があります」（コリント二11章23～28節）

そしてパウロは、あまりの苦しみのゆえにこうも語っています。

「わたしたちとしては死の宣告を受けた思いでした。それで、自分を頼りにすることなく、死者を復活させてくださる神を頼りにするようになりました」（コリントニ1章9節）

死すら覚悟をする体験をしたパウロは、神様を頼りにするようになり、神様からの慰めによって苦難のたびごとに立ち上がってきました。パウロはその体験を繰り返し、神様から受ける慰めによって、自分自身もあらゆる苦難の中にいる人々を慰めることができることを知りました。自分の苦しみの体験を無駄にしてはいけないと学んだのです。

苦しんだ経験があっても、そのときに慰めを得ていないならば、私たちは他者を慰めることはできません。苦しんだときの怒りが心の中でくすぶっていると、私たちは他者の心を傷つけてしまうかもしれないからです。他者の心を慰める「慰めの器」になるためには、自分自身が神様の慰めを受けた経験が必要です。神様の慰めの体験が私たちに他者を助ける器になる力を与えてくれるのです。

さて、私たちは苦難の中から立ち上がるばかりでなく、「慰めの器」として生きることができますが、他者を助ける器になる心得とはなんでしょうか。

一つは、神様の慰めをいただいた者として、温かくまわりをなごませる存在感を持って生きることです。そばにいると居心地がよく、自然に心が癒され慰められる存在感をもった人がいます。

その人柄を通して神様の慰めが届くのです。
相田みつをさんのすてきな詩があります。

ただいるだけで

あなたがそこに
ただいるだけで
その場の空気が
あかるくなる

あなたがそこに
ただいるだけで
みんなのこころが
やすらぐ

そんな

あなたにわたしも
なりたい

『にんげんだもの』文化出版局

二つ目は、偏見や先入観を持たず、相手の気持ちを理解しようと誠心誠意、聴くことです。自分に関心を持って関わってくれていることがわかれば、誰でも相手に対して信頼感がわき、味方ができたような心の慰めを感じます。「聴く」という行為を通して神様の慰めを届けることができます。

信頼できる人に話を聴いてもらうのは、心を整理するのに役立ちます。怒りや腹立たしさといった負の感情を吐き出して心を軽くするということだけでなく、話しているうちに今まで気づかなかった自分の心の奥にある本当の気持ちにたどりつくこともあります。苦しくて「死にたい」と言っていた人が、話しているうちに心の奥底に生きたい気持ちがあることに気づくことがあります。そして、本当は生きたいんだということがわかって立ち上がろうとします。神様の慰めは、私たちの生きる力を強めてくださいます。

三つ目は、神様の慰めを言葉にして届けることです。苦労した人の言葉には深みと重みがあります。苦しみを通り抜けて出てきた言葉には人の心を打つ説得力があります。言葉は大切です。

言葉によって立ち上がることも、倒れることもあるからです。

神様の言葉である聖書の言葉は、私たちの魂を慰め、立ち上がる力を与えてくれます。日頃から聖書を読み、その言葉を心に蓄えておけば、苦難や苦悩に出会ったとき、強い味方になってくれるはずです。

「言葉で過ちを犯さないなら、それは自分の全身を制御できる完全な人です」(ヤコブの手紙3章2節)

チームワークの心

師であるわたしがあなたがたの足を洗ったのだから、あなたがたも互いに足を洗い合わなければならない。

さて、過越祭《すぎこしさい》の前のことである。イエスは、この世から父のもとへ移る御自分の時が来たことを悟り、世にいる弟子たちを愛して、この上なく愛し抜かれた。夕食のときであった。既に悪魔は、イスカリオテのシモンの子ユダに、イエスを裏切る考えを抱かせていた。イエスは、父がすべてを御自分の手にゆだねられたこと、また、御自分が神のもとから来て、神のもとに帰ろうとしていることを悟り、食事の席から立ち上がって上着を脱ぎ、手ぬぐいを取って腰にまとわれた。それから、たらいに水をくんで弟子たちの足を洗い、腰にまとった手ぬぐいでふき始められた。シモン・ペトロのところに来ると、ペトロは、「主よ、あなたがわたしの足を洗ってくださるのですか」と言った。イエスは答えて、「わたしのしていることは、今あなたには分かるまいが、後で、分かるようになる」と言われた。ペトロが、「わたしの足など、決して洗わないでください」と言うと、イエスは、「もしわたしがあなたを洗わないなら、あなたはわたしと何のかかわりもないことになる」と答えられた。そこでシモン・ペトロが言った。「主よ、足だけでなく、手も頭も。」イエスは言われた。「既に体を洗った者は、全身清いのだから、足だけ洗えばよい。あなたがたは清いのだが、皆が清いわけではない。」イエスは、御自分を裏切ろうとしている者がだれであるかを知っておられた。それで、「皆が清いわけではない」と言われたのである。
さて、イエスは、弟子たちの足を洗ってしまうと、上着を着て、再び席に着いて言われた。「わたしがあなたがたにしたことが分かるか。あなたがたは、わたしを『先生』とか『主』とか呼ぶ。そのように言うのは正しい。わたしはそうである。ところで、主であり、師であるわたしがあなたがたの足を洗ったのだから、あなたがたも互いに足を洗い合わなければならない。わたしがあなたがたにしたとおりに、あなたがたもするようにと、模範を示したのである。

（ヨハネによる福音書13章1～15節）

最後の時の家族の絆

イエスは十字架上の死が近づいていることを知っておられました。その死を目前にして、弟子たちを愛し抜かれたというのです。「愛し抜く」とはどういう意味でしょうか。

ホスピスで死と向き合った患者さんは、最後の日々、家族との時間を大切にされます。旅立ちが近づいて、ずっと疎遠だった兄弟や子どもが見舞いに来てくれるのを心待ちにしたり、親や伴侶を愛おしむ光景をよく見かけます。永遠に家族と別れてしまうことを考えると、耐えがたい寂しさに襲われるのです。そのとき、愛し方が変わります。自分が持っている最大限の愛を家族に与えようとされるのです。幼い子どもを残して旅立たなければならない若いお母さんの愛は、無償で無限です。持てるすべての愛を届けておきたいと願って、子どもに関わっておられるように見えるのです。

イエスも十字架での死を前に、弟子たちに最大限の愛をもって関わりました。

イエスには気がかりなことがありました。ルカによる福音書22章24節に「また、使徒たちの間に、自分たちのうちでだれがいちばん偉いだろうか、という議論も起こった」と記されています。これは、一二人の弟子たちの間で、お互いの優位を競って論争があったということです。そのときイエスは、「あなたがたの中でいちばん偉い人は、いちばん若い者のようになり、上に立つ人は、仕える者のようになりなさい」（ルカ22章26節）と言われ、弟子たちに仕えることをお教えになりました。自分がいなくなった後、神様の働きを宣《の》べ伝えていくうえで必要なことは、争う心ではなく一つになる心であることを、イエスは最後に弟子たちに伝えたかったのです。

旅立つ前に患者さんが家族に伝えたい願いの一つは、「残った家族みんなが仲良く生きてほしい」ということです。親は、残された子ども同士が仲良く助け合って生きてほしいと願っています。仲良く心を一つにして生きることは幸せの秘訣です。死を前にした患者さんは、この最も大切なメッセージを家族に残そうとするのです。

✧仕える心

イエスは「仕える心」を教えるために、自ら実例を示されました。

「食事の席から立ち上がって上着を脱ぎ、手ぬぐいを取って腰にまとわれた。それから、たらいに水をくんで弟子たちの足を洗い、腰にまとった手ぬぐいでふき始められた」

この時代、お客のよごれた足を洗うのは奴隷の仕事でした。しかし、誰も他の人の足を洗おうとする者がいないのを見て、イエス自らが奴隷の役をかって出たのです。

「足を洗う」のは、体の中で一番汚れたところに手をふれることです。その人の人生の最も汚れた部分、つらい心にふれることの象徴です。大地をふみしめてきた足は、その人の歩みをすべて知っています。自ら他人の足を洗うということによって、イエスは人の心に寄り添う関わりをお示しになったのです。

ホスピスでは、患者さんがお風呂に入るのが大変なとき、看護師さんが洗足を勧めることがあります。患者さんはベッドに腰かけ、ときには入浴剤を入れたお湯の中に足を入れて温めます。

しばらく足をお湯につけてから最後に看護師さんが足を丁寧に洗ってくれるのです。そのとき看護師さんは身をかがめて低くして、その作業をします。患者さんの顔を見上げながら、「気持ちいいですか？」と問いかけながらその方の足を洗うのです。患者さんは「とっても気持ちいい。お風呂に入ってるみたいね」とおっしゃいます。そのとき二人の間には見えない心の通い合いがあります。相手よりも身を低くするとき、謙虚な心が生まれるからでしょう。

「頭《ず》が高い」という表現があるように、頭の位置によって態度やふるまいや心持ちができ上がります。頭の位置が低いとき、謙虚で謙遜な素直な心が生まれます。相手を見上げる姿勢、それが仕える生き方であることを、イエスは身をもって示されました。

弟子たちは「最上の地位」をめぐって競いあおうとしていました。それではへりくだる心を持つことも、相手の心に寄り添うこともできません。イエスは自分が十字架につけられ死んだ後も、弟子たちがしっかりと働きを果たすために、一人一人がバラバラではなく、協力して良い働きをしてほしいと願っていたのです。

私たちの仕事でも生活でも同じことが言えます。協力し合って一つの働き、活動をするとき、そこには共通のやりがいが生まれ、苦労を乗り越える力、継続する力が生まれてきます。喜びは倍増し、苦労は半減します。互いにへりくだって協力する生き方は、より幸せに生きる道でもあるのです。

人の子が地上で罪を赦す権威を持っていることを知らせよう。

数日後、イエスが再びカファルナウムに来られると、家におられることが知れ渡り、大勢の人が集まったので、戸口の辺りまですきまもないほどになった。イエスが御言葉を語っておられると、四人の男が中風《ちゅうぶ》の人を運んで来た。しかし、群衆に阻まれて、イエスのもとに連れて行くことができなかったので、イエスがおられる辺りの屋根をはがして穴をあけ、病人の寝ている床《とこ》をつり降ろした。イエスはその人たちの信仰を見て、中風の人に、「子よ、あなたの罪は赦される」と言われた。ところが、そこに律法学者が数人座っていて、心の中であれこれと考えた。「この人は、なぜこういうことを口にするのか。神を冒瀆している。神おひとりのほかに、いったいだれが、罪を赦すことができるだろうか。」イエスは、彼らが心の中で考えていることを、御自分の霊の力ですぐに知って言われた。「なぜ、そんな考えを心に抱くのか。中風の人に『あなたの罪は赦される』と言うのと、『起きて、床を担いで歩け』と言うのと、どちらが易しいか。人の子が地上で罪を赦す権威を持っていることを知らせよう。」そして、中風の人に言われた。「わたしはあなたに言う。起き上がり、床を担いで家に帰りなさい。」その人は起き上がり、すぐに床を担いで、皆の見ている前を出て行った。人々は皆驚き、「このようなことは、今まで見たことがない」と言って、神を賛美した。

（マルコによる福音書2章1～12節）

徹底した関わり

困っている人のために力になりたいという思いを私たちは持つことがあります。病院にボランティアに来ている方々も、誰かのために、何かができればと思って活動されています。思いは尊くても、その援助が本当の意味でお力添えできるものとならなければなりません。そのためには、何が大切なのか、この聖書の箇所から見てまいりましょう。

イエスが病人を癒されている記事が聖書にはたくさん見られます。イエスがらい病の人を癒し数日たって再びカファルナウムにやって来ておそらくペトロの家にいたときのことです。中風の人が四人の男の人たちに運ばれてやって来ました。しかし大勢の人だかりで、イエスに近づくことができなかったのです。そこで四人の男たちは屋根をはがして、病人の寝ている床をイエスの近くにつり降ろしたというのです。イエスはその人たちの信仰を見て、中風の人に「子よ、あなたの罪は赦される」と言われました。

中風の方は、おそらくその病いのために、ずっとつらい思いをしてきたことでしょう。そして四人の男たちは、友人だったのか親せきだったのかはわかりませんが、強い思い、一つの確信があったに違いありません。それは、中風の人をイエスのもとに連れて行けば、必ず癒されるという確信です。また、中風の人自身がその思いを持っていて、「イエスさまの所へ、私を連れて行って」と強く願って頼んだのかもしれません。とすると、四人の男たちは、中風の人の思いをよく理解し、援助したということになります。

誰かを援助するとき、本人の思いを尊重して理解し、そうすることが一番良いことなんだという確信を持って行動することが大切です。

さらに、とことんまで力になる行動力が必要です。大勢の人だかりで普通ならあきらめるところですが、四人の男たちも中風の人もあきらめませんでした。大胆な行動に出たのです。

中途半端な援助というのがあります。患者さんがあるとき、こんな話をしてくれました。どうしても食べたいカレーがあって、妻に買ってきてほしいと頼んだところ、その店が見つけられず、妻はすぐにあきらめて他の店のカレーを買ってきました。後日、友人に同じ用件を頼んだら、その店が見つかるまで探してくれて、お目当てのカレーを手に入れてくれたというのです。その患者さんは言われました。「誰かの力添えをしようと思ったら、中途半端はがっかりする。とことん関わる覚悟が必要だよ」。

入院当初は見舞いが多く、長期入院になってくると見舞客が徐々に減ってくる姿をよく見てきました。病める方は、きちんと関わり続けてくださる人を求めています。自分の思いや願いにとことん関わってくれる人が必要なのです。

信仰の友

イエスは、病人の寝ている床をつり降ろした光景を目にし、その人たちの信仰を見ました。つまり、中風の病人と四人の男たちの信仰を見られました。信仰とはイエスが必ずこの病気を癒す力を持っているはずという信頼を意味しています。

信仰を持っている方でも、病気が進行しあまりに体が苦しくなったりすると、自分で祈れなくなったりします。そんなとき、私は患者さんに「代わりに私がちゃんと祈ってるからね。心配しなくていいですよ」と伝えてきました。これを「執《と》り成《な》しの祈り」と言います。中風の人がもし歩ける体力があれば、自分でイエスに会いに来る努力をしたことでしょう。しかし、自分の力だけでイエスの近くに来ることはできませんでした。運んでくれる人が必要でした。中風の人の信仰から来る願いと確信を援助した四人の男たちは、自分たちの信仰を持って執り成してくれたのです。

イエスは、中風の人と四人の男たちの信仰を見て、「子よ、あなたの罪は赦される」と言われました。肉体的回復は霊的回復の象徴とみなされていた当時の背景があります。そしてイエスは、救い主（メシア）としての神的・超自然的力をもって、病気を癒すこともできれば、罪を赦す権威もお持ちでした。

イエスが中風の人に、「起き上がり床を担いで家に帰りなさい」と告げると、その人は起き上がり、床を担いで出て行ったのです。このイエスの癒しの奇跡は、同じ信仰のもとに心が一致できる仲間の協力があってこそ起こりました。

信仰者には信仰者でなければわからない思いと願いがあります。そして、信仰が強められるように、互いに励まし合い、思いを一つにして、協力し助け合うことが必要です。

信仰を持つ者は、同じ信仰を持つ友が必要です。

相手の中にいるキリスト

わたしの兄弟であるこの最も小さい者の一人にしたのは、わたしにしてくれたことなのである。

そこで、王は右側にいる人たちに言う。「さあ、わたしの父に祝福された人たち、天地創造の時からお前たちのために用意されている国を受け継ぎなさい。お前たちは、わたしが飢えていたときに食べさせ、のどが渇いていたときに飲ませ、旅をしていたときに宿を貸し、裸のときに着せ、病気のときに見舞い、牢にいたときに訪ねてくれたからだ。」すると、正しい人たちが王に答える。「主よ、いつわたしたちは、飢えておられるのを見て食べ物を差し上げ、のどが渇いておられるのを見て飲み物を差し上げたでしょうか。いつ、旅をしておられるのを見てお宿を貸し、裸でおられるのを見てお着せしたでしょうか。いつ、病気をなさったり、牢におられたりするのを見て、お訪ねしたでしょうか。」そこで、王は答える。「はっきり言っておく。わたしの兄弟であるこの最も小さい者の一人にしたのは、わたしにしてくれたことなのである。」

（マタイによる福音書25章34〜40節）

愛のわざ

ボランティアとして、友人として、またはプロの援助者として、良き援助を継続しようと思ったら、相手をどう見るかということが大切になってきます。相手との関わりに自分なりの意味づけが必要です。

例えば、高齢者施設で認知症の方々と関わるボランティアをしたとします。会話のつじつまが合わず、すぐ忘れてしまうその姿に「明日のわが身」を見ると、他人事《ひとごと》ではなくなります。そのとき、私にとってかけ離れた方ではなく、同じ道を通っていく仲間のような親しみを感じて、その方と関われるということです。

他の見方もあります。神谷美恵子氏は東京女子医学専門学校の学生であった二九歳のとき、長島愛生園で一二日間の実習をしました。そのときに「らいの人に」という詩を作っています。

らいの人に

光うしないたるまなこうつろに

肢《あし》うしないたるからだになわれて
診察台《だい》の上にどさりとのせられた人よ
私はあなたの前にこうべをたれる

あなたはだまっている
かすかにほほえんでさえいる
ああ　しかし　その沈黙は　ほほえみは
長い戦いの後にかちとられたものだ

運命とすれすれに生きているあなたよ
のがれようとて放さぬその鉄の手に
朝も昼も夜もつかまえられて
十年、二十年、と生きてきたあなたよ

なぜ私たちでなくあなたが？
あなたは代って下さったのだ

代って人としてあらゆるものを奪われ
地獄の責苦《せめく》を悩みぬいて下さったのだ

ゆるして下さい　らいの人よ
浅く、かろく、生の海の面《おも》に浮かびただよい
そこはかとなく　神だの霊魂だのと
きこえよいことばをあやつる私たちを

ことばもなくこうべたれれば
あなたはただだまっている
そしていたましくも歪められた面に
かすかなほほえみさえ浮かべている

神谷美恵子著『人間をみつめて』みすず書房

神谷美恵子氏は、診察室で、苦難を背負っている癩者の前で、頭を下げたのです。「なぜ私たちでなくあなたが？　あなたは代って下さったのだ」と。

ところで、この聖書の箇所に出てくる王とはイエスのことです。最後の審判のとき、イエスが人々を二つのグループに分けるというのです。右側にいる人たちは祝福された人たち、左側にいる人たちは呪われた者どもと呼ばれています。そしてこの二つのグループを分ける決め手になるのが、愛のわざであるというのです。

右側の人たちは、イエスに食べさせ、飲ませ、宿を貸し、着せ、イエスを見舞い、牢を訪ねてくれたと言われ、「いつ私たちはそんなことをしたのでしょう」と身に覚えがないかのように驚いて反応しています。愛のわざは、それ自体が救いの条件となる功徳ではなく、無意識に行われる奉仕であるべきということです。そして愛のわざは、口先だけの見せかけの信仰ではなく、真の信仰から出た行為としての証拠になりうるものです。

最も小さい者への援助

「最も小さい者」とは、世の中で人の目にとまらないような人々、蔑《さげす》まれたり、価値ある人として扱われていない人々を指しています。

最も小さい者にしたことは、イエスにしたことになるとはどういうことでしょうか。

トルストイ原作『くつやの　まるちん』というお話があります。

ある町に、まるちんというくつ屋さんが住んでいました。まるちんは地下室の小さな部屋に住み、朝から晩まで仕事をして良いくつを作っていました。まるちんは妻も子どももずっと以前に亡くし、心の中は悲しみで一杯で、寂しく一人ぼっちでした。ある日、まるちんは聖書を読み始めました。毎晩、夢中で読みました。すると心がなぜだか安まりました。ある日、まるちんは夢の中でキリストの声を聞きました。

「まるちん　まるちん　あした　いくから　まっておいで」

それで、まるちんは翌日、朝から胸を一杯にして、外ばかりを気にして待っていたのです。外では雪かきのおじいさんが疲れて、ぼんやりしていました。まるちんはそのおじいさんに声をかけてお茶をふるまいました。そのおじいさんは、心も体も温まって帰っていきました。外では北風が吹いています。ふと窓の外を見ると、女の人が赤ちゃんをあやしていました。赤ちゃんは泣きやまず、女の人は夏服で寒そうです。まるちんは内へ入りなさいと声をかけました。女の人は朝から何も食べていなかったので、お乳が出ませんでした。まるちんは、パンとスープを食べさせ、自分の上着を渡すと女の人は泣き出し、上着に赤ちゃんをしっかりくるんで、帰っていきました。

まるちんは、また仕事にかかりました。しばらくすると、窓の外で声が聞こえます。男の子がおばあさんのリンゴを取ろうとして、おばあさんが怒っていました。まるちんは家から飛び出して叫びました。

「おばあさん　ゆるしてやりなさい」

そして男の子に言いました。

「おばあさんに　あやまりなさい　もう　こんなことを　しては　いけないよ」

男の子は、おばあさんに謝りました。おばあさんは許す気持ちになり、男の子はおばあさんの荷物を持ってあげて、二人仲良く帰って行きました。

まるちんは家に帰り、また仕事に戻りました。暗くなってきて、仕事道具を片づけ、棚から聖書を取り出して、昨日の続きを読もうとしました。すると、そのとき急に、夢の中のキリストの声を思い出しました。まるちんはそばに誰かがいるような気がしました。昼間の雪かきのおじいさん、赤ちゃんを抱いた女の人、おばあさんと男の子が現われ、みんなにっこりと笑いました。

「まるちん　わたしが　わからなかったのか　あれは　みんな　わたしだったのだ」

「ゆめではなく　ほんとうに　ほんとうに　わたしは　きりすとさまに　おあいできた」とまるちんの心は、喜びで一杯になりました。

「まずしいひと　ちからのないひと　びょうきのひとや　いえのないひとのなかに　わたしはいます」

まるちんの机の上の聖書には、キリストの言葉がこう書かれてありました。


参考・引用『くつやのまるちん』トルストイ原作、かすや昌宏・絵、渡洋子・文、至光社インドのカルカッタのスラム地域で活動されたマザー・テレサも、最も小さい者の中におられるキリストに仕える思いで、最も貧しい方々への援助を長年継続されました。
マザー・テレサの言葉です。

貧しい人々を目にしたとき、
わたしには、まず第一に
その人のうちで苦しんでおられるイエス様が見えます。
イエス様はこう言っておられます。
「わたしが飢えていたとき、あなたがたは食物を与えてくれた……」

病人や貧しい人々のお世話をするとき、
わたしたちは苦しんでおられるキリストの御体にふれるのです。
このふれあいは、
わたしたちに嫌悪感や自然な感覚を忘れさせてくれます。
この人たちのうちにキリストを見るには、深い信仰をもって見なければなりません。

病み衰えた体に汚れた衣服をまとって
もっとも美しい人の子が隠れておられるのです。
この苦しみと痛みを刻まれた体にふれることができるために、
わたしたちにはキリストの御手が必要だったのです。

『マザー・テレサ100の言葉』ウォルフガング・バーダー編、山本文子訳、女子パウロ会

マザー・テレサは、お世話をしている方々のうちにキリストを見るには、深い信仰をもって見なければなりませんと語っておられます。マザーが病人や貧しい人々の心に寄り添えたのは、深い信仰をもって彼らを見つめておられたからです。

あとがき

小学生の頃から教会との出会いはありましたが、熱心に神様を求めるようになったのは大学生になってからでした。大学四年生のクリスマスに洗礼を受けて、キリスト教信者となりました。そして三カ月後に大学を卒業し、社会人として、病院という世界で働き始めるようになりました。神様を信じるようになってからの私の歩みと、病院勤務での人の生と死に関わるようになった私の歩みは、ずっと重なりながら三五年以上が経ちました。

勤務中にお出会いする病める方々を通して神様の存在を感じさせられたり、聖書の言葉が心に迫ってくる体験を何度も持ちました。まさしく私の信仰は、病院の中で育まれてきたように思います。

聖書の言葉は、人の魂を生かす言葉です。すばらしい言葉、気に入った言葉として、ただ感動したり心にとめたりするだけのものではなく、その言葉を信じて生きてみる、その言葉によって生かされるものです。つまり聖書の言葉を体験して生きてみるとき、新しい世界が開けてきます。

⁂

ホスピスの患者さんの福山さんは、中学・高校をミッションスクールで学ばれた方でした。信者でない彼女にとって学校のミサはとても退屈で苦痛な時間でした。友人二人と一番後ろの席でヒソヒソとおしゃべりをすることで何度も注意を受け、先生からはにらまれていました。

キリスト教なんて私には関係がないと思って卒業後も生きていました。ところが三〇代後半に手遅れのがんになり、突然やってきた人生の危機の中で、彼女は思わず手を合わせて祈ったというのです。学生時代、何度も祈らされた祈り「主の祈り」が記憶に蘇り、スラスラと言葉が口から出てきたのです。卒業して二〇年間、一度も口にしたことがなかったのにです。学生時代は、機械的に、他の学生と一緒に唱えていただけでした。しかしこのときは、唱えたのではなく気持ちを込めてはじめて祈ったのです。そして祈ることで自分の心を支えてきたということでした。

この話を彼女がしてくださってから、キリスト教のことをもっと知りたいし、聖書の話をしてくださいと言われるようになりました。急速に信仰を求めるようになり、飢え渇いた人のように、どんどんと聖書の話を吸収していかれました。

そしてやがて、洗礼を受けたいと申し出られました。教会へ行く元気がなかった彼女は、個室の病室で受洗されました。聖書を手に持つことができなくなる日まで、彼女はベッドの上でよく聖書を読んでおられました。「学生時代に聖書を読むチャンスがあったのに、あの時からもっとちゃんと読んでおけばよかった」と何度も言われていました。外泊から帰ってきたとき、小学生の子どもたちは、こう報告してくれました。

お母さんに話しかけようとしたら、少しだけ待ってね。お母さん、今聖書読んでるからねと言われたそうです。お母さんが真剣に聖書を読んでいる姿は、旅立ってしまった後も、子どもたちの心に深く残りました。人生の最後の日々、とりつかれたように聖書を読みふける姿に、聖書の中に大切なことが書かれているに違いないだろうという思いを、子どもたちの心に残すことができました。学生時代、聖書の話を聴くことは苦痛でした。しかしいまや彼女は、宝探しをするかのように聖書の言葉に魅力を感じ、読み進めることは最後の日々の楽しみにもなっていたのです。

◇

この度、明石書店の森本直樹氏より、聖書の言葉を中心とした本の執筆依頼をいただきました。聖書の中には選びがたいほど、心を打つ言葉がたくさんあります。この本が一人でも多くの方々の手に届きますように、そして聖書が持つ面白さを知ることで、聖書そのものがあなたの人生のよきアドバイザーとなるよう願っております。

この本ができるにあたって、森本直樹氏にはたいへんお世話になりました。執筆の機会と適切な助言をいただき、心より感謝しお礼を申し上げます。聖書の言葉を通して、神様からの慰めと励ましが、本書を手にとってくださったお一人お一人の方々のお心に届きますように、お祈り申し上げます。

二〇一六年五月

沼野尚美

著者紹介

沼野尚美（ぬまの・なおみ）
1956年大阪市生まれ。武庫川女子大学薬学部卒業。神戸ルーテル神学校修士課程修了。米国ゴンザガ大学宗教部宣教コース修了。ケンシントン大学大学院行動科学研究科修士課程修了（心理学・カウンセリング専攻）。病院薬剤師から病院チャプレンとカウンセラーに転職。チャプレンとしては淀川キリスト教病院、姫路聖マリア病院などに勤務の後、カウンセラーとしては日本バプテスト病院などを経て、現在、宝塚市立病院緩和ケア病棟、神戸中央病院にてチャプレンとカウンセラーを兼職。京都ノートルダム女子大学非常勤講師。著書に『生と死を抱きしめて――ホスピスのがん患者さんが教えてくれた生きる意味』『いのちと家族の絆――がん家族のこころの風景』（以上、明石書店）、『癒されて旅立ちたい――ホスピスチャプレン物語』『共に生きる道――ホスピスチャプレン物語』『満足して死に逝く為に――ホスピスチャプレンが見た「老い」の叫び』（以上、佼成出版社）。また、講演記録として、CDセレクション・ラジオ深夜便「こころの危機に向き合う時」「生きるということ」（NHKサービスセンター）がある。

救いは苦しみの中にある
ホスピスチャプレンが出会った癒やしと安らぎの言葉

2016年6月23日　初版第1刷発行

著　者　沼野尚美
発行者　石井昭男
発行所　株式会社　明石書店

〒101-0021　東京都千代田区外神田6-9-5
電　話　03（5818）1171
FAX　03（5818）1174
振　替　00100-7-24505
http://www.akashi.co.jp

装　幀　明石書店デザイン室
印刷・製本所　日経印刷株式会社

（定価はカバーに表示してあります）　ISBN978-4-7503-4355-6

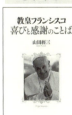

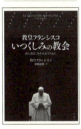

教皇フランシスコ
キリストとともに燃えて
偉大なる改革者の人と思想

オースティン・アイヴァリー［著］　宮崎修二［訳］

◎四六判／上製／632頁　◎2,800円

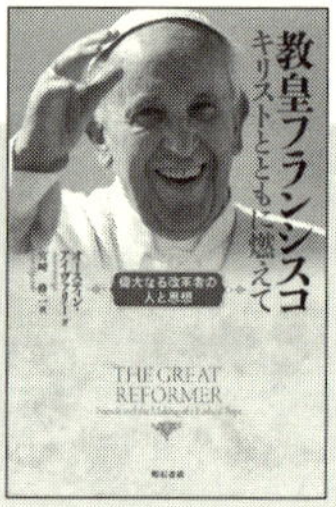

2013年3月、南米大陸およびイエズス会出身で史上初の教皇に選出されたフランシスコは、生涯を教会改革に捧げてきた。教皇がめざす「貧しき者のための貧しい教会」とは？その思想の形成過程と半生を詳細なインタビューと調査に基づいて描く本格的評伝。

【内容構成】

〈価格は本体価格です〉